LAST POEMS

LAST POEMS

ELIZABETH BARRET BROWNING

TRADUCCIÓN DE MARÍA CUADRADO

Valparaíso
EDICIONES

Número 520 de la Colección VALPARAÍSO DE POESÍA
dirigida por FEDERICO DÍAZ-GRANADOS

Diseño de colección y portada: Chari Nogales
Imagen de portada: Plácida Verdejo, *@placid.arch*

Primera edición: diciembre de 2025

© De los poemas: Elizabeth Barret Browning
© De la traducción: María Cuadrado
© Edición de la traducción: Nieves García Prados

© Valparaíso Ediciones
   C/ Fray Leopoldo, 7 bajo, 18014 Granada
   www.valparaisoediciones.es

   ISBN: 979-13-88007-19-4
   Depósito Legal: GR 1709-2025

   Impreso en España - *Printed in Spain*
   Gráficas Gami

LAST POEMS

NOTA DEL EDITOR

Por primera vez en lengua española, *Last Poems* de Elizabeth Barrett Browning (Durham, 1806 – Florencia, 1861) se publica en una edición que recupera íntegramente los poemas originales que la autora escribió en los últimos años de su vida en Italia. Esta colección póstuma, publicada en 1862 por su esposo, el también poeta Robert Browning, constituye el testamento literario de una de las voces más influyentes de la poesía inglesa del siglo XIX. La presente edición excluye los textos que la propia autora tradujo del griego o del latín, con el propósito de centrar el foco únicamente en su obra como poeta.

Elizabeth Barrett Browning fue una de las poetas más prominentes de la era victoriana. Es especialmente recordada por poemas como "How Do I Love Thee?" (Soneto 43, 1845) y por su historia de amor con Robert Browning. Comenzó a escribir poesía de forma precoz a los seis años, y a los quince sufrió intensos dolores espinales —probablemente de origen tuberculoso— que la convirtieron en una inválida crónica, dependiente del láudano. Su primera colección de poemas se publicó en 1838, y desde entonces escribió de forma prolífica: poesía, traducciones y ensayos. Fue una firme defensora de la abolición de la esclavitud y de la reforma del trabajo infantil.

Su volumen *Poemas* (1844) le otorgó gran reconocimiento y atrajo la admiración de Robert Browning. Su correspondencia, cortejo y matrimonio se llevaron a cabo en secreto, por temor a la desaprobación de su padre. Tras la boda, la pareja se trasladó a la Casa Guidi en Florencia en 1846, donde vivió hasta su muerte, como recuerda la placa instalada en el edificio para honrar su memoria. Tuvieron un hijo, Robert "Pen" Browning. En 1861, Elizabeth falleció en Florencia, y su tumba aún se encuentra allí.

Last Poems reúne principalmente letras personales, traducciones de poesía griega y latina, y poemas sobre la política italiana. En ellos se revela una voz madura, íntima y comprometida, que combina ternura y lucidez con una profunda conciencia social. Estos poemas fueron escritos mientras la autora padecía los estragos de la tuberculosis. Su sufrimiento personal no mermó su compromiso moral: fue una crítica feroz del trabajo infantil y una de las primeras voces abolicionistas. Su poema "The Cry of the Children" tuvo tal impacto que contribuyó a la aprobación de la "Ley de las 10 horas", que limitaba las jornadas laborales de los obreros británicos, y fue citado incluso por Karl Marx.

Elizabeth Barrett Browning fue también una ferviente admiradora de Mary Wollstonecraft y sus ideas feministas. Su influencia se extiende hasta figuras como Edgar Allan Poe y Emily Dickinson, quien conservaba un retrato suyo en su habitación. Su obra más ambiciosa, *Aurora Leigh* (1856), es una novela en verso que aborda el papel de la mujer y el arte en la sociedad. De no haber sido mujer, probablemente habría sido nombrada Poeta Laureada del Reino Unido, título que finalmente recibió Alfred Tennyson.

La publicación de *Last Poems* en español es un acto de justicia poética. Forma parte del compromiso de Valparaíso Ediciones por recuperar y dar visibilidad a las grandes autoras que han sido relegadas por la historia literaria. Esta edición invita a redescubrir a una escritora cuya obra sigue iluminando la poesía contemporánea y cuya vida fue testimonio de coraje, sensibilidad y pensamiento crítico.

LAST POEMS

LITTLE MATTIE

I.

DEAD! Thirteen a month ago!
    Short and narrow her life's walk;
Lover's love she could not know
    Even by a dream or talk:
Too young to be glad of youth,
    Missing honor, labor, rest,
And the warmth of a babe's mouth
    At the blossom of her breast.
Must you pity her for this
    And for all the loss it is,
You, her mother, with wet face,
    Havin had all in your case?

II.

Just so young but yesternight,
    Now she is as old as death.
Meek, obedient in your sight,
    Gentle to a beck or breath
Only on last Monday! Yours,
    Answering you like silver bells
Lightly touched! An hour matures:
    You can teach her nothing else.
She has seen the mystery hid
Under Egypt's pyramid:
By those eyelids pale and close
Now she knows what Rhamses knows.

LA PEQUEÑA MATTIE

I.

¡MUERTA! ¡Hace trece meses que pasó!
  Corto y estrecho el camino que vivió;
no conoció un amante ni su amor,
  ni siquiera en sueño o en conversación.
Muy joven para alegrarse de serlo,
  le faltaba honor, trabajo, descanso
y el calor de la boca de un bebé
  en la flor de su pecho.
¿Acaso te debería dar pena
  lo que implica una pérdida como esta:
que ella jamás tenga todo lo que tú, su madre, llorando,
  tuviste sin siquiera darte cuenta?

II.

Era tan joven la noche de ayer,
  ahora es tan vieja como la muerte.
Siempre obediente bajo tu mirada,
  amable ante un suspiro o una llamada.
Tan solo el lunes pasado era tuya;
  contestaba cual campanas de plata
tocadas suavemente. Una hora pasa,
  y ya no puedes enseñarle nada.
Ella ha visto el misterio que se esconde
bajo las pirámides en Egipto,
sus párpados pálidos y cerrados
saben lo que Ramsés siempre ha sabido.

III.

Cross her quiet hands, and smooth
    Down her patient locks of silk,
Cold and passive as in truth
    You your fingers in spilt milk
Drew along a marble floor;
    But her lips you cannot wring
Into saying a word more,
    'Yes,' or 'No,' or such a thing:
Though you call and beg and wreak
Half your soul out in a shriek,
She will lie there in default
And most innocent revolt.

IV.

Ay, and if she spoke, may be
    She would answer like the Son,
'What is now'twixt thee and me?'
    Dreadful answer! better none.
Yours on Monday, God's to-day!
    Yours, your child, your blood, your heart,
Called.. you called her, did you say,
    'Littie Mattie' for your part?
Now already it sounds strange,
And you wonder, in this change,
What He calls His angel-creature,
Higher up than you can reach her.

III.

Crúzale las manos quietas, péinale
　esos mechones pacientes de seda,
fríos e inertes, como si pasaras
　los dedos por la leche derramada
sobre el suelo de mármol.
　Pero sus labios no pueden moverse
para decir una palabra más;
　"sí" o "no", o algo parecido.
Aunque llores, supliques y te rompas
media alma en un quejido,
ella yacerá ahí quieta,
en su más inocente rebelión.

IV.

¡Ay!, y si ella acaso hablara
　quizás contestaría como el Hijo:
"¿Qué hay ahora entre tú y yo?"
¡Temida respuesta! Mejor ninguna.
　El lunes era tuya; hoy es de Dios.
Tuya, tu niña, tu sangre, tu amor,
　llamada… ¿Decías que la llamabas
　siempre "pequeña Mattie"?
Ahora suena extraño,
　y tú te preguntas, en este cambio
cómo la llama Él, a Su nuevo ángel,
que ya vuela alto, lejos de tus manos.

V.

'Twas a green and easy world
    As she took it; room to play,
(Though one's hair might get uncurled
    At the far end of the day).
What she suffered she shook off
    In the sunshine; what she sinned
She could pray on high enough
    To keep safe above the wind.
If reproved by God or you,
'Twas to better her, she knew;
And if crossed, she gathered still
'Twas to cross out something ill.

VI.

You, you had the right, you thought
    To survey her with sweet scorn,
Poor gay child, who had not caught
    Yet the octave-stretch forlorn
Of your larger wisdom! Nay,
    Now your places are changed so,
In that same superior way
    She regards you dull and low
As you did herself exempt
    From life's sorrows. Grand contempt
Of the spirits risen awhile,
Who look back with such a smile!

V.

Era este un mundo verde y muy sencillo
   para ella: un lugar en el que jugar,
(aunque nadie está libre de que su peinado se le deshaga
   antes de irse a la cama).
El sufrimiento se lo sacudía
   bajo la luz del sol, y sus pecados
los susurraba cuando ella rezaba
   para guardarlos alto,
a salvo en algún lugar sobre el viento.
Si alguna vez tú o Dios la regañabais,
sabía que era para mejorarla.
Y si se enfadaba, aún reflexionaba:
tendría que corregir algo malo.

VI.

Tú pensabas que tenías derecho
   a vigilarla con dulce desdén.
¡Pobre niña alegre que aún ignoraba
   la triste octava que la separaba
de tu sabiduría mayor! No,
   ahora vuestros puestos se han cambiado:
con esa misma actitud superior,
   ella te ve desde arriba aburrida como antes tú lo hacías
con ella mientras aún estaba exenta
   del dolor de la vida. ¡Qué grande es el desdén
de los espíritus que se despiertan durante algún tiempo
y te devuelven la misma sonrisa!

VII.

There's the sting of 't. That, I think,
    Hurts the most a thousandfold!
To feel sudden, at a wink,
    Some dear child we used to scold,
Praise, love both ways, kiss and tease,
    Teach and tumble as our own.
All its curls about our knees,
    Rise up suddenly full-grown.
Who could wonder such a sight
Made a woman mad outright?
Show me Michael with the sword
Rather than such angels, Lord!

VII.

Ahí está el origen de este dolor.
Creo que se multiplica por mil
cuando de pronto, solo un momento, sientes que sigue ahí.
Esa niña a la que tú regañabas,
adorabas, querías y besabas, a la que chinchabas y le enseñabas
como si fuera algo tuyo, tu niña.
Y de pronto un día todos esos rizos antes a la altura de tus rodillas,
se elevan y crecen.
¿Y a quién le extrañaría que una imagen así
hiciera enloquecer a una mujer?
¡Enséñame a San Miguel con su espada
antes que a ángeles como estos, Señor!

A FALSE STEP

I.

SWEET, thou hast trod on a heart.
    Pass! there's a world full of men;
And women as fair as thou art
    Must do such things now and then.

II.

Thou only hast stepped unaware, —
    Malice, not one can impute;
And why should a heart have been there
    In the way of a fair woman's foot?

III.

It was not a stone that could trip,
    Nor was it a thorn that could rend:
Put up thy proud underlip!
    'Twas merely the heart of a friend.

UN PASO EN FALSO

I.

MI AMOR, has pisado un corazón.
Pasa, que el mundo está lleno de hombres,
y las mujeres bellas como tú eres
tienen que hacer cosas así a veces.

II.

Tan solo lo has pisado sin darte cuenta,
y al que quiera acusarte le faltará razón.
¿Por qué iba a haber un corazón
en el camino de una mujer bella?

III.

No era una piedra con la que tropezarte
ni una espina que pudiera pincharte.
No te avergüences, son cosas del destino;
tan solo era el corazón de un amigo.

IV.

And yet peradventure one day
   Thou, sitting alone at the glass,
Remarking the bloom gone away,
   Where the smile in its dimplement was,

V.

And seeking around thee in vain
   From hundreds who flattered before,
Such a word as,' Oh, not in the main
   Do I hold thee less precious, but more!'.

VI.

Thou'lt sigh, very like, on thy part,
   'Of all I have known or can know,
I wish I had only that Heart
   I trod upon ages ago!'

IV.
Y aun así quizás algún día,
    cuando estés sentada sola junto al cristal
y te des cuenta de que la flor ya no está,
    eches de menos el hoyuelo de esa sonrisa.

V.
Entonces mirarás alrededor en vano, buscando
    en las bocas de todos los que te han amado
unas palabras como: "Oh, deja de llorar,
    ¡que no te quiero menos, sino más!"

VI.
Entonces suspirarás, y pensarás:
    "De todo lo que he tenido o he podido tener,
ojalá tan solo tuviera ese corazón
    que pisé por error años atrás".

VOID IN LAW

I.

SLEEP, little babe, on my knee,
  Sleep, for the midnight is chill,
And the moon has died out in the tree,
  And the great human world goeth ill.
Sleep, for the wicked agree:
  Sleep, let them do as they will.
Sleep.

II.

Sleep, thou hast drawn from my breast
  The last drop of milk that was good;
And now, in a dream, suck the rest,
  Lest the real should trouble thy blood.
Suck, little lips dispossessed,
  As que kiss in the air whom we would.
 Sleep.

NULIDAD

I.
DUÉRMETE, bebé, sobre mi rodilla.
    Duerme, que la medianoche está fría,
y la luna se apaga tras el árbol,
    y el gran mundo de los hombres enferma.
Duerme, pues los malos están de acuerdo:
    duerme, déjalos hacer lo que quieran.
Duerme.

II.
Duérmete, que has bebido de mi pecho
    la última gota de leche que estaba
buena. Ahora, en sueños,
    bebe el resto, no sea
    que la de verdad te amargue la sangre.
Bebe, con esos labios
    rodeando el vacío, como quien besa
    en el aire a quien siempre hubo querido.
Duerme.

III.

O lips of thy father! the same,
  So like! Very deeply they swore
When he gave me his ring and his name,
  To take back, I imagined, no more!
And now is all changed like a game,
  Though the old cards are used as of yore?
Sleep.

IV.

'Void in law,' said the Courts. Something wrong
  In the forms? Yet,'Till death part us two,
I, James, take thee, Jessie,' was strong,
  And ONE witness competent. True
Such a marriage was worth an old song,
  Heard in Heaven though, as plain as the New.
Sleep.

V.

Sleep, little child, his and mine!
  Her throat has the antelope curve,
And her cheek just the color and line
  Which fade not before him nor swerve:
Yet *she* has no child! —the divine
  Seal of right upon loves that deserve.
Sleep.

III.

¡Ay, que tienes los labios de tu padre!
Tan parecidos a los que juraron,
cuando me dio su anillo y su apellido.
    ¡Nunca imaginé que me los quitara!
Y ahora de pronto todo ha cambiado,
como un juego en el que yo me pregunto
    si seguimos usando las cartas de otro tiempo.
Duerme.

IV.

"Nulidad" fue el fallo del tribunal.
    ¿Algo estaba mal, había algún error
en los documentos? Pero dijiste
con tal convicción: "Hasta que la muerte
Nos separe, yo, Jamie, te amaré,
    Jessie". Y UN testigo lo presenció.
Cierto, un matrimonio como fue el nuestro
    era digno de una vieja canción
que se escuchara hasta en el Paraíso.
Duerme.

V.

¡Duérmete, bebé, que eres suyo y mío!
    Su cuello tiene una curva de antílope
y su mejilla la forma y el color
    que no se desvanece ante sus ojos.
Pero lo que *ella* no tiene es un hijo,
    el sello divino de los amores.
Duerme.

VI.

My child! though the world take her part,
    Saying, 'She was the woman to choose,
He had eyes, was a man in his heart,' —
    We twain the decision refuse:
We . . weak as I am. as thou art, . .
    Cling on to him, never to loose.
Sleep.

VII.

He thinks that, when done with this place.
    All's ended? he'll new-stamp the ore?
Yes, Caesar's —but not in our case.
    Let him learn we are waiting before
The grave's mouth, the heaven's gate, God's face,
    With implacable love evermore.
Sleep.

VIII.

He's ours, though he kissed her but now;
    He's ours, though she kissed in reply;
He's ours, though himself disavow,
    And God's universe favor the lie;
Ours to claim, ours to clasp, ours below,
    Ours above, . . if we live, if we die.
Sleep.

VI.

¡Mi hijo! Aunque el mundo entero
    se ponga de su parte y digan: "Ella era buena elección;
él tenía ojos, seguía siendo hombre después de todo".
    Los dos nos oponemos a la decisión.
Tú y yo... somos débiles,
    pero nos seguimos aferrando a él para nunca soltar.
Duérmete.

VII.

¿Él piensa que se marcha
    y todo ha terminado? ¿Que acaso podría cambiar el
rostro grabado en el denario?
Sí, el del César, pero no en nuestro caso.

    Que sepa que le estaremos esperando al borde de la tumba,
a las puertas del Cielo, junto al rostro de Dios,
    con nuestro amor eterno.
Duerme.

VIII.

Es nuestro, aunque la bese.
    Es nuestro, aunque ella le bese también.
Es nuestro, aunque él lo niegue,
    y el universo divino alimente la mentira;
para reclamarlo es nuestro, para abrazarlo, nuestro, aquí abajo,
    Nuestro allá arriba... en la vida, en la muerte.
Duerme.

IX.

Ah baby, my baby, too rough
    Is my lullaby? What have I said?
Sleep! When I've wept long enough
    I shall learn to weep softly instead,
And piece with some alien stuff
    My heart to lie smooth for thy head.
Sleep.

X.

Two souls met upon thee, my sweet;
    Two loves led thee out to the sun:
Alas, pretty hands, pretty feet,
    If the one who remains (only one)
Set her grief at thee, turned in a heat
    To thine enemy, —were it well done?
Sleep.

XI.

May He of the manger stand near
    And love thee! An infant He came
To His own who rejected Him here,
    But the Magi brought gifts all the same.
I hurry the cross on my Dear!
    My gifts are the griefs I declaim!
Sleep.

IX.

Ah, bebé, mi bebé,
  ¿mi nana es demasiado dolorosa? ¿Qué es lo que he dicho?
¡Duérmete! Cuando haya llorado lo suficiente,
  aprenderé a llorar más suavemente
y podré arreglar mi corazón
  para que así tú puedas apoyar la cabeza.
Y duermas.

X.

Dos almas se unieron en ti, mi amor,
  dos amores te trajeron al sol.
¡Ay! Pequeñas manos y pies bonitos,
si la única que te queda (solo una), en su enfado,
  te lanza su dolor contra tu enemigo, ¿acaso está bien?
Duerme.

XI.

Que Él que nació en el pesebre esté cerca
  siempre de ti. ¡Y te quiera!
Él fue también un niño y Sus semejantes lo rechazaron,
  mas los Magos le trajeron regalos.
¡Yo te entrego a ti la cruz de mi Amado,
  mi regalo es el dolor que proclamo!
Duerme.

LORD WALTER'S WIFE

I.

'But why do you go?' Said the lady, while both sate under
  the yew,
And her eyes were alive in their depth, as the kraken
  beneath the sea-blue.

II.

'Because I fear you,' he answered; — 'because you are far
  too fair,
And able to strangle my soul in a mesh of your gold
  colored hair'

III.

'Oh, that,' she said, 'is no reason! Such knots are
  quickly undone,
And too much beauty, I reckon, is nothing but too
  much sun. '

LA MUJER DE LORD WALTER

I.
—¿Por qué te marchas? —dijo la mujer. Se encontraban
sentados bajo un árbol
y sus ojos estaban encendidos desde las profundidades,
igual que el kraken bajo los azules mares.

II.
—Porque te tengo miedo —respondió él—;
tu belleza puede ser demasiado,
y podrías estrangularme el alma
con un mechón de tu pelo dorado.

III.
—Oh, eso —dijo ella— no es buena razón.
Es sencillo deshacer esos nudos,
y creo que demasiada belleza
es lo mismo que demasiado sol.

IV.

Yet farewell so,' he answered; — 'the sun-stroke's
    fatal at times.
I value your husband, Lord Walter, whose gallop
    rings still from the limes.'

V.

'Oh, that,' she said, 'is no reason. You smell a
    rose through a fence:
If two should smell it, what matter? Who grumbles,
    and where's the pretence?'

VI.

'But I, 'he replied, 'have promised another, when
    love was free,
To love her alone, who alone and afar loves
    me.'

VII.

'Why, that,' she said, 'is no reason. Love's aways
    free, I am told.
Will you vow to be safe from the headache on Tuesday,
    and think it will hold?

IV.
—Sin embargo, adiós —dijo él—. Mucho sol
puede ser traicionero.
Yo valoro a tu marido, Lord Walter, cuyo galope se oye
aún desde los limeros.

V.
—Oh, eso —dijo ella— no es buena razón.
Tú hueles una rosa a través de una verja.
¿Y qué si dos la huelen? ¿Quién se queja?
¿Y dónde se encuentra la pretensión?

VI.
—Pero yo —contestó él— le prometí a otra,
antes, cuando aún era libre el amor,
amarla solamente a ella, solo eso,
como ella sola me ama desde lejos.

VII.
—Oh, eso —dijo ella— no es buena razón.
El amor es siempre libre, o eso dicen.
¿O acaso cuando juras no tener resaca el martes que viene
te crees que estás libre de todo error?

VIII.

'But you,' he replied, 'have a daughter, a young
    Little child, who was laid
In your lap to be pure; so I leave you: the angels
    would make me afraid.'

IX.

'Oh, that,' she said, 'is no reason. The angels keep
    out of the way;
And Dora, the child, observes nothing, although you
    should please me and stay.

X.

At which he rose up in his anger, — 'Why, now, you
    no longer are fair!
Why, now, you no longer are fatal, but ugly and
    hateful, I swear.'

XI.

At which she laughed out in her scorn. — 'These
    men! Oh, these men overnice,
Who are shocked if a color not virtuous, is frankly
    put on by a vice.'

VIII.
—Pero tú —contestó él— tienes una hija,
una joven niñita que tuviste
para que fuera pura. Así que yo me voy,
los ángeles me apuran.

IX.
—Oh, eso —dijo ella— no es buena razón.
Los ángeles se mantienen al margen,
y Dora, la niña, no se entera, aunque
deberías agradarme y quedarte.

X.
Entonces él se levantó enfadado:
—¡Pues ahora tú ya no eres hermosa!
Oh, ahora ya no eres fatal, lo juro,
sino fea y odiosa.

XI.
Entonces ella se rio con desprecio:
—¡Hombres! Hombres tan píos,
que se asombran si lo que no es virtuoso
resulta ser un vicio.

XII.

Her eyes blazed upon— 'And *you*! You bring
   us your vices so near
That we smell them! You think in our presence a
   thought 'twould defame us to hear!

XIII.

'What reason had you, and what right, —I appeal to
   your soul from my life, —
To find me too fair as a woman? Why, sir, I am
   pure, and a wife.

XIV.

'Is the day-star too fair up above you? It burns
   you not. Dare you imply
I brushed you more close than the star does, when
   Walter had set me as high?

XV.

'If a man finds a woman too fair, he means simply
   adapted too much
To uses unlawful and fatal. The praise! —shall I
   thank you for such?

XVI.

'Too fair? — not unless you misuse us! and surely if,
   once in a while,
You attain to it, straightway you call us no longer too
   fair, but too vile.

XII.

Ella lo fulminó con la mirada:
—¡Y *vosotros*! Que nos acercáis vuestros
vicios hasta que podamos olerlos.
En nuestra presencia tenéis ideas que nos difamarían al oírlas.

XIII.

¿Qué razón tenías? ¿Y qué derecho,
(aquí apelo a tu alma desde mi pecho)
para encontrarme demasiado hermosa?
Señor, yo soy pura y también esposa.

XIV.

¿Piensas que al brillar sobre tu cabeza la estrella vespertina
es demasiado bella? Pero ella no te quema.
¿Acaso tú te atreves a decir que yo te toqué más de cerca que ella
cuando Walter me puso a la misma altura que las estrellas?

XV.

Cuando un hombre piensa que una mujer es demasiado hermosa,
significa que se ha adaptado bien a vicios ilícitos y dañinos.
¡Y esos cumplidos! ¿Acaso pretendes que yo te dé
las gracias por decírmelos?

XVI.

¿Nosotras somos demasiado hermosas?
No, si no te aprovechas.
Y si, de vez en cuando, lo consigues,
pasamos de ser demasiado bellas a demasiado viles.

XVII.

'A moment, —I pray your attention! —I have a poor
    word in my head
I must utter, though womanly custom would set it
    down better unsaid.

XVIII.

'You grew, sir, pale to impertinence, once when I
    showed you a ring.
You kissed my fan when I dropped it. No matter!
    —I've broken the thing.

XIX.

'You did me the honor, perhaps to be moved at my
    side now and then
In the senses —a vice, I have heard, which is common
    to be beasts and some men.

XX.

'Love's a virtue for heroes! — as while as the snow
    on high hills,
And immortal as every great soul is that struggles,
    endures, and fulfils.

XXI.

'I love my Walter profoundly, —you, Maude, though
    you faltered a week
for the sake of... what was it? an eyebrow? or, less
    still, a mole on a cheek?

XVII.

"Un momento, te ruego tu atención! Tengo una triste
idea en la cabeza
debo pronunciarla, aunque según ciertas costumbres femeninas
debería callármela.

XVIII.

"Te pusiste pálido, señor mío, ante la impertinencia
una vez cuando te enseñé un anillo.
Cuando se me cayó, besaste mi abanico.
¡Da igual! Ya lo he tirado.

XIX.

"Tal vez me honraste en alguna ocasión cuando, de vez
en cuando, estabas a mi lado
y sentías una emoción sin nombre. Es un vicio, he oído,
que tienen las bestias y algunos hombres.

XX.

"Amar es una virtud exclusiva, reservada a los héroes,
blanca como la nieve en las colinas
e inmortal como toda alma que lucha,
aguanta y se realiza.

XXI.

"Amo a mi Walter muy profundamente; tú, Maude,
aunque flaqueaste una semana...
¿Y por qué? ¿Por qué fue? ¿Por una ceja? O incluso menos aún:
¿por un pequeño lunar en la cara?

XXII.

'And since, when all's said, you're too noble to stoop
   to the frivolous cant
About crimes irresistible, virtues that swindle, betray
   and supplant.

XXIII.

'I determined to prove to yourself that, whate'er
   you might dream or avow
By illusion, you wanted precisely no more of me then
   you have now.

XXIV.

'There! Look me full in the face! —in the face.
   Understand, if you can,
That the eyes of such women as I am, are clean as
   the palm of a man.

XXV.

'Drop his hand, you insult him. avoid us for fear
   we should cost you scar—
You take us for harlots, I tell you, and not for the
   women we are.

XXVI.

'You wronged me: but then I considered ... there's
   Walter! And so at the end,
I vowed that he should not be mulcted, by me, in the
   hand of a friend.

XXII.

Y ya que, una vez está todo dicho, resulta que eres
demasiado honrado para estar a la altura
de este frívolo canto que habla sobre irresistibles crímenes
y virtudes que estafan, traicionan y suplantan.

XXIII.

Yo quise demostrarte
que, sueñes o declares lo que sea
en una quimera, nunca quisiste
más de mí de lo que ahora te queda.

XXIV.

¡Mírame directamente a la cara!
Entiende, si es que puedes,
que los ojos de todas las mujeres que comparten esta condición pobre
están igual de limpios que la palma de la mano de un hombre.

XXV.

"Suelta su mano, lo estás insultando. Evítanos por miedo
a quedarte con una cicatriz.
Nos tomas por rameras, te lo digo,
en vez de por las mujeres que somos.

XXVI.

"Por tu culpa he sufrido,
pero luego he pensado...
¡Está Walter! Y juré, al fin y al cabo,
que no le estafaría con su amigo.

XXVII.

'Have I hurt you indeed? We are quits then. Nay,
   friend of my Walter, be mine!
Come Dora, my darling, my angel, and help me to
   ask him to dine.'

XXVII.

"¿Yo acaso te he hecho daño? Así estamos en paz.
Qué va, amigo de mi Walter, ¡sé mío!
Ven, Dora, mi amor, mi ángel,
ven y ayúdame a invitarlo a cenar.

BIANCA AMONG THE NIGHTINGALES

I.

THE cypress stood up like a church
    That night we felt our love would hold,
And saintly moonlight seemed to search
    And wash the whole world clean as gold:
The olives crystallized the vales'
    Broad slope until the hills grew strong:
The fireflies and nightingales
    Throbbed each to either, flame and song.
The nightingales, the nightingales.

II.

Upon the angle of its shade
    The cypress stood, self-balanced high;
Half up, half down, as double-made,
    Along the ground, against the sky.
And we, too! from such soul-height went
    Such leaps of blood, so blindly driven.
Were scare knew if our nature meant
    Most passionate earth or intense heaven.
The nightingales, the nightingales.

III.

We paled with love, we shook with love,
    we kissed so close we could not vow;
Till Giulio whispered, 'Sweet, above
    God's Ever guaranties this Now.'
And through his words the nightingales

BIANCA ENTRE LOS RUISEÑORES

I.

El ciprés se erigía como si de una iglesia se tratara
    la noche que sentimos que nuestro amor podría resistir;
la luz lunar sagrada parecía buscar
    y lavar el mundo hasta que brillara, tan limpio como el oro;
los olivos cristalizaban las praderas anchas
    de los valles, hasta que al fin los montes eran más fuertes;
las libélulas y los ruiseñores,
    ambos palpitaban, llama y canción.
Los ruiseñores, los ruiseñores.

II.

Sobre el ángulo de su propia sombra
    el ciprés se erigía, haciendo equilibrios en las alturas;
una mitad abajo, la otra arriba, como si fueran dos:
    a lo largo del suelo, contra el cielo.
¡Y nosotros también! Desde tal altura del alma dimos
    tales saltos de sangre, a ciegas conducidos,
que apenas sabíamos lo que significaba nuestra naturaleza:
    las mayores pasiones de la tierra, o la intensidad de los cielos.
Los ruiseñores, los ruiseñores.

III.

Empalidecimos por el amor, temblamos por amor,
    nos besamos tan cerca que no podíamos prometer nada,
hasta que Giulio susurró: "Mi amor,
    la Eternidad de Dios nos regala el Presente".
Y a través de sus palabras lanzaron los ruiseñores

Drove straight and full their long clear call,
  Like arrows through heroic mails,
    And love was awful in it all.
  The nightingales, the nightingales.

IV.

O cold White moonlight of the north,
    Refresh these pulses, quench this hell!
O coverture of death drawn forth
    Across this garden-chamber...well!
But what have nightingales to do
    In gloomy England, called the free...
(Yes, free to die in! ...) when we two
    Are sundered, singing still to me?
And still they sing, the nightingales.

V.

I think I hear him. how he cried
    'My own soul's life' between their notes.
Each man has but one soul supplied,
    And that's immortal. Though his throat's
On fire with passion now, to *her*
    He can't say what to me he said!
And yet he moves her, they aver.
    The nightingales sing through my head,
  The nightingales, the nightingales.

sus largos y claros cantos,
como flechas que perforaban armaduras heroicas,
y el amor fue horrible durante aquello.
Los ruiseñores, los ruiseñores.

IV.

Oh, fría y blanca luz de la luna del norte,
¡refresca estos latidos y sofoca este infierno!
Oh, velo de la muerte que se arrastra
por este jardín..., ¡bueno!
¿Pero qué van a hacer los ruiseñores
en la triste Inglaterra, apodada "la libre"
(sí, ¡libre para morir en su seno!...), cuando nosotros dos
estamos separados y aún cantan para mí?
Y siguen cantando los ruiseñores.

V.

Creo que puedo oír cómo gritó:
"La vida de mi propia alma".
Se oyó por entre las notas de su canción.
Cada hombre está provisto de un alma nada más,
y esta es inmortal. Por mucho que ahora le arda la garganta
con pasión, ¡a *ella*
jamás podrá decirle lo que me dijo a mí!
Y aun así la conmueve, según dicen.
Lo ruiseñores siguen cantando en mi cabeza.
Los ruiseñores, los ruiseñores.

VI.

He says to her what moves *her* most.
    He would not name his soul within
Her hearing, —rather pays her cost
    With praises to her lips and chin.
Man has but one soul, 'tis ordained,
    And each soul but one love, I add;
Yet souls are demned and love's profaned.
    These nightingales will sing me mad!
The nightingales, the nightingales.

VII.

I marvel how the birds can sing.
    There's little difference, in their view,
Betwixt our Tuscan trees that spring
    As vital flames into the blue,
And dull round blots of foliage meant
    Like saturated sponges here
To suck the fogs up. As content
    In he too in this land, 'tis clear.
And still they sing, the nightingales.

VI.

Le dice a *ella* lo que más la conmueve.
Él no se atrevería a nombrar su alma
en su presencia; prefiere pagar el precio con elogios
para su barbilla y para sus labios.
El hombre tiene un alma nada más, así se decretó;
y cada alma tiene solamente un amor, añado yo.
Pero las almas están condenadas, y el amor se profana.
¡Estos ruiseñores y su canción harán que me desquicie!
Los ruiseñores, los ruiseñores.

VII.

Me asombra cómo los pájaros cantan.
Para ellos es poca la diferencia
entre los árboles de la Toscana,
que brotan hacia el azul como llamas,
y las manchas de follaje de aquí,
que parecen esponjas empapadas
concebidas para absorber la niebla.
Y es evidente que él también está contento en esta tierra.
Y siguen cantando los ruiseñores.

VIII.

My native Florence! dear, foregone!
    I see across the Alpine ridge
How the last feast-day of Saint John
    Shot rockets from Carraia bridge.
The luminous city, tall with fire,
    Trod deep down in that river of ours,
While many a boat with lamp and choir
    Skimmed birlike over glittering towers.
I will not hear these nightingales.

IX.

I seem to float, we seem to float
    Down Arno's stream in festive guise;
A boat strikes flame into our boat,
    And up that lady seems to rise
As then she rose. The shock had flashed
    A vision on us! What a head,
What leaping eyeballs! —beauty dashed
    To splendor by a sudden dread.
And still they sing, the nightingales.

X.

Too bold to sin, too weak to die;
    Such women are so. As for me.
I would we had drowned there, he and I,
    That moment, loving perfectly.
He had not caught her with her loosed
Gold ringlets...rarer in the south..
Nor heard the 'Grazie tanto' bruised
    To sweetness by her English mouth.
And still they sing, the nightingales.

VIII.

¡Mi Florencia natal! ¡Querida, abandonada!
　Yo veo a través de la cresta alpina
cómo el último día de la fiesta de San Juan
　disparaban los cohetes desde el puente Carraia:
la ciudad se veía iluminada, los fuegos la elevaban,
　y se adentraba en ese río nuestro
mientras que muchos botes, con lámparas y coros,
　sobrevolaban, cual aves, el reflejo de las torres brillantes.
No quiero escuchar a estos ruiseñores.

IX.

Parece que yo floto, parecemos flotar
　por el río Arno, con aire festivo;
un barco le lanza llamas al nuestro,
　y parece que surge aquella dama
como entonces surgió.La sorpresa nos lanzó una visión:
　¡Qué cabeza, qué ojos grandes tenía!
Belleza ensombrecida por un esplendor fruto de un temor
　que surgió de una forma repentina.
Y siguen cantando los ruiseñores.

X.

Demasiado atrevida para pecar y demasiado débil
　para morir. Hay mujeres así. En cuanto a mí,
ojalá nos hubiéramos ahogado ahí; él y yo,
　en ese momento cuando aún nos amábamos a la perfección.
Cuando todavía él no la había pillado soltándose sus rizados
　cabellos dorados… Menos comunes al sur…
Ni aún había escuchado ese "gracie tanto" tan endulzado
　en sus labios ingleses.
Y siguen cantando los ruiseñores.

XI.

She had not reached him at my heart
    With her fine tongue, as snakes indeed
Kill flies; nor had I, for my part,
    Yearned after, in my desperate need,
And followed him as he did her
    To coasts left bitter by the tide,
Whose very nightingales, elsewhere
    Delighting, torture and deride!
For still they sing, the nightingales.

XII.

A worthless woman! mere cold clay
    As all false things are! but so fair,
She takes the breath of men away
    Who gaze upon her unaware.
I would not play her larcenous ricks
    To have her looks! She lied and stole,
And spat into my love's pure pyx
    The rank saliva of her soul.
And still they sing, the nightingales.

XIII.

I would not for her white and pink,
    Though such he like —her grace of limb,
Though such he has praised —nor yet, I think,
    For life itself, though spent with him,
Commit such sacrilege, affront
    God's nature which is love, intrude
'Twixt two affianced souls, and hunt
    Like spiders, in the altar's wood.
I cannot bear these nightingales.

XI.

Ella todavía no había llegado a él en mi corazón
con esa lengua fina, como hacen las serpientes en verdad
para matar moscas. Ni yo tampoco, por mi parte,
   lo había anhelado tanto, en mi atormentada necesidad,
ni le había seguido como él a ella
   a costas amargas por la marea,
donde los ruiseñores se van a deleitarse a otro lugar,
   ¡pero allí se dedican a mofarse y también a torturar!
Pues siguen cantando los ruiseñores.

XII.

¡Una mujer inútil! Ella no es más que mera arcilla fría,
   como todas las cosas de mentira, pero es tan hermosa que
deja sin respiración a los hombres
   que la ven sin saber.
¡Yo no emplearía sus trucos y fraudes
   para tener su aspecto!
Ella mintió y robó y escupió en la píxide de mi amor
   la saliva nauseabunda de su alma.
Y siguen cantando los ruiseñores.

XIII.

Ni por su blanco y rosa,
   por mucho que a él le gusten, —ni por esas extremidades
gráciles, que él tanto adora—, ni siquiera, creo,
   por pasar toda la vida junto a él,
yo no cometería un sacrilegio semejante, jamás ofendería
   de esa manera la naturaleza de Dios, que es amor; no,
no me entrometería entre dos almas que están prometidas,
   no sería esa araña oculta en la madera del altar.
No soporto más a estos ruiseñores.

XIV.

If she chose sin, some gentler guise
    She might have sinned in, so it seems:
She might have pricked out both my eyes,
    And I still seem him in my dreams!
—Or drugged me in my soup or wine,
    Nor left me angry afterward:
To die here with his hand in mine
    His breath upon me, were not hard.
(Our Lady hush these nightingales!)

XV.

But set a springe for him, 'mio ben,'
    My only good, my first last love! —
Though Christ knows well what sin is, when
    He sees some things done they must move
Himself to wonder. Let her pass.
    I think of her by night and day.
Must I too join her .. out, alas! ..
    With Giulio, in each word I say?
And evermore the nightingales!

XIV.

Si ella escogió pecar, podría haberlo hecho con un disfraz
    más amable, al menos eso parece.
¡Podría haberme sacado ambos ojos,
    y yo lo habría seguido viendo en sueños!
O haberme puesto droga en la sopa o el vino;
    tampoco habría podido dejarme con hambre después de eso;
morir aquí, con su mano en la mía
    y su aliento en mi piel, no sería tan cruel.
(¡Te ruego, Señora Nuestra, haz que se callen estos ruiseñores!)

XV.

Mas tenderle una trampa a él, *mio ben*;
    era mi único bien ¡y también mi primer último amor!
Aunque Cristo conozca el pecado, cuando ve algunos actos,
    debe hacerse preguntas.
Que la dejen pasar.
    En ella pienso de noche y de día.
¿Es que debo yo unirme a ella... fuera, ¡ay!...
    con Giulio en cada palabra que diga?
¡Y seguirán siempre los ruiseñores!

XVI.

Giulio, my Giulio! —sing they so,
  And you be silent? Do I speak
And you not hear? And arm you throw
  Round some one, and I feel so weak?
—Oh, owl-like birds! They sing for spite,
  They sing for hate,they sing for doom!
They'll sing through death who sing through night,
  They'll sing and stun me in the tomb—
The nightingales, the nightingales!

XVI.

¡Giulio, mi Giulio! Es eso lo que cantan.
    ¿Y tú te callas? ¿Yo hablo,
y no me oyes? ¿Rodeas con el brazo
    a alguien, y desfallezco?
¡Oh, estos pájaros que parecen búhos!
    ¡Que cantan por despecho, por odio, por condena!
Y cantarán hasta que mueran quienes cantan en la noche.
    Cantarán hasta dejarme paralizada en la tumba.
¡Los ruiseñores, los ruiseñores!

MY KATE

I.

SHE was not as pretty as woman I know,
And yet all your best made of sunshine and snow
Drop to shade, melt to nought in the long-trodden ways,
While she's still remembered on warm and cold days—
My Kate.

II.

Her air had a meaning, her movements a grace;
You turned from the fairest to gaze on her face:
And when you had once seen her forehead and mouth,
You saw as distinctly her soul and her truth—
My Kate.

III.

Such a blue inner light from her eyelids outbroke,
You looked at her silence and fancied she spoke:
When she did, so peculiar yet soft was the tone,
Though the loudest spoke also, you heard her alone—
My Kate.

IV.

I doubt if she said to you much that could act
As a thought or suggestion: she did not attract
In the sense of the brilliant or wise: I infer
'Twas her thinking of others, made you think of her—
My Kate.

MI KATE

I.

No era tan hermosa como otras mujeres que conozco y, sin embargo, era la mejor: hecha de nieve y de sol. Llega la sombra; se derrite hasta que no queda nada sobre los caminos aplastados por miles de pisadas. Y, mientras, a ella la recuerdan, en días cálidos y cuando el frío acecha.

Mi Kate.

II.

Su actitud tenía significado, sus movimientos gracia. Era capaz de hacer que dejases de mirar a la más guapa para contemplarla; y, una vez habías visto su frente y su boca una vez, también veías su verdad y su alma.

Mi Kate.

III.

De sus párpados se desprendía una luz interna azulada; la mirabas en silencio y parecía que hablaba. Cuando lo hacía, su voz era tan peculiar y bella, que, aunque hablaran a gritos al mismo tiempo, solo la oías a ella.

Mi Kate.

IV.

Dudo que jamás dijera nada que pudiera interpretarse como sugerencia o idea; su atracción no se basaba en la sabiduría ni en la inteligencia. Creo que era la forma que tenía de pensar en los demás antes que en sí misma lo que te hacía pensar en ella.

Mi Kate.

V.

She never found fault with you, never implied
Your wrong by her right; and yet men at her side
Grew nobler, girls purer, as through the whole town
The children were gladder that pulled at her gown
My Kate.

VI.

None knelt at her feet confessed lovers in thrall;
They knelt more to God than they used, —that was all:
If you praised her as charming, some asked what you meant,
But the charm of her presence was felt when she went—
My Kate.

VII.

The weak and the gentle, the ribald and rude,
She took as she found them, and did them all good;
It always was so with her-see what you have!
She has made the grass greener even here... with her grave—
My Kate.

VIII.

My dear one! —when thou wast alive with the rest,
I held thee the sweetest and loved thee the best:
And now thou art dead, shall I not take thy part
As thy smiles used to do for thyself, my sweet Heart—
My Kate?

V.

Ella nunca te buscaba defectos, nunca aplastaba tus errores con sus aciertos, y, sin embargo, a su lado, las mujeres se volvían más puras, y los hombres, más honestos. En el pueblo, los niños aguardaban, pues los más alegres eran los que tiraban de su falda.

Mi Kate.

VI.

Ningún pretendiente se le arrodilló para servirle; se arrodillaban más ante Dios, eso era todo. Si decías que era encantadora, algunos te preguntaban a qué te referías, pero el encanto de su presencia se sentía cuando se iba.

Mi Kate.

VII.

Los débiles y amables, los bastos y maleducados, ella siempre los encontraba y les prestaba ayuda. Siempre era así con ella: veía lo que tenías. Incluso ha hecho que la hierba sea más verde aquí con su tumba.

Mi Kate.

VIII.

¡Mi querida Kate! Cuando estabas viva, como los demás, yo te quise la que más. Y ahora, que estás muerta, cómo no ponerme de tu parte, como lo hacías tú con tus sonrisas, Querida mía.

¿Mi Kate?

A SONG FOR THE RAGGED SCHOOLS
OF LONDON

written in Rome

I.

1 AM listening here in Rome.
   'England's strong,' say many speakers,
'If she winks, the Czar must come,
   Prow and topsail, to the breakers.'

II.

'England's rich in coal and oak,'
   Adds a Roman, getting moody,
'If she shakes a traveling cloak,
   Down our Appian roll the scudi.'

III.

'England's righteous,' they rejoin,
   'Who shall grudge her exaltations,
When her wealth of golden coin
   Works the welfare of the nations?'

IV.

I am listening here in Rome.
   Over Alps a voice is sweeping—
'England's cruel! save us some
   Of these victims in her keeping!'

UNA CANCIÓN PARA LAS ESCUELAS DE LOS POBRES DE LONDRES

escrito en Roma

I.

Estoy escuchando en Roma.
   —Inglaterra es fuerte —proclaman muchos—.
Si guiña un ojo, el Zar debe acudir
   proa y gavia sobre olas que se rompen.

II.

—Inglaterra es rica en carbón y roble
   —añade un romano, malhumorado—.
Si se sacude la capa de viaje
   baja el dinero por nuestra vía Apia.

III.

Inglaterra es honrada —responden—.
   ¿Quién puede guardar rencor por sus exaltaciones
cuando sus riquezas de oro aseguran
   el bienestar de todas las naciones?

IV.

Estoy escuchando en Roma,
   una voz se propaga por los Alpes:
—¡Inglaterra es cruel! ¡Ojalá alguien salve
   a los inocentes en su custodia!

V.

As the cry beneath the wheel
    Of an old triumphal Roman
Cleft the people's shouts like steel,
    While the show was spoilt for no man,

VI.

Comes that voice. Let others shout,
    Other poets praise my land here:
I am sadly sitting out,
    Praying, 'God forgive her grandeur.'

VII.

Shall we boast of empire, where
    Time with ruin sits commissioned?
In God's liberal blue air
    Peter's dome itself looks wizened:

VIII.

And the mountains, in disdain,
    Gather back their lights of opal
From the dumb, despondent plain,
    Heaped with jawbones of a people.

IX.

Lordly English, think it o'er,
    Caesar's doing is all undone!
You have cannons on your shore,
    And free parliaments in London,

V.

Cuando el grito debajo de la rueda
   de un antiquísimo triunfo romano
agrieta los gritos como el acero,
   sin arruinar a nadie el espectáculo,

VI.

Llega esa voz. Deja que griten otros,
   los poetas aquí alaban mi tierra;
yo estoy sentada y triste
   y rezo por que Dios perdone su esplendor.

VII.

¿Debemos presumir de un imperio en que
   el tiempo y la ruina están encargados?
En el aire azul liberal de Dios
   hasta la basílica de San Pedro aparece marchita;

VIII.

Y las montañas, con desdén, recogen
   sus resplandores de ópalo
del llano estúpido y desalentado
   repleto de mandíbulas humanas.

IX.

Ilustres ingleses, denle una vuelta,
   ¡está ya deshecho lo que hizo el César!
Tenéis cañones listos por todas vuestras costas
   y parlamentos libres en la ciudad de Londres.

X.

Princes' parks, and merchants' homes,
    Tents for soldiers, ships for seamen, —
Ay, but ruins worse than Rome's
    In your pauper men and women.

XI.

Women leering through the gas,
    (Just such bosoms used to nurse you)
Men, turned wolves by famine—pass!
    Those can speak themselves, and curse you.

XII.

But these others-children small,
    Spilt like blots about the city,
Quay, and street, and palace-wall—
    Take them up into your pity!

XIII.

Ragged children with bare feet,
    Whom the angels in white raiment
Know the names of, to repeat
    When they come on you for payment.

XIV.

Ragged children, hungry-eyed,
    Huddled up out of the coldness
On your doorsteps, side by side,
    Till your footman damns their boldness.

X.

Parques para los príncipes, casas de comerciantes,
tiendas para soldados, barcos para marinos.
Mas ruinas, peores que las de Roma,
para los pobres hombres y mujeres.

XI.

Mujeres que se asoman por el gas,
(esos pechos que os dieron de comer).
Hombres convertidos en lobos por esta hambruna, ¡que pasen!
Ellos pueden hablar por sí mismos y también maldeciros.

XII.

Pero de estos otros... Niños pequeños,
derramados como si fueran manchas por toda la ciudad:
por la estación, la calle y la pared del palacio real;
¡de ellos tened piedad!

XIII.

Niños harapientos con pies descalzos,
cuyos nombres conocen
los ángeles ataviados de blanco
y los repiten cuando llegan para pagaros.

XIV.

Niños harapientos de ojos hambrientos
acurrucándose lejos del frío
bajo los umbrales de vuestras puertas
hasta que vuestros criados los reprenden por tal atrevimiento.

XV.

In the alleys, in the squares,
    Begging, lying little rebels;
In the noisy thoroughfares,
    Struggling on with piteous trebles.

XVI.

Patient children—think what pain
    Makes a young child patient—ponder!
Wronged too commonly to strain
    After right, or wish, or wonder.

XVII.

Wicked children, with peaked chins,
    And old foreheads! there are many
With no pleasures except sins,
    Gambling with a stolen penny.

XVIII.

Sickly children, that whine low
    To themselves and not their mothers,
From mere habit, —never so
    Hoping help or care from others.

XIX.

Healthy children, with those blue
    English eyes, fresh from their Maker,
Fierce and ravenous, staring through
    At the brown loaves of the baker.

XV.

Por los callejones y por las plazas,
  pequeños y mentirosos rebeldes que piden limosna
en todas las calles y en las avenidas más transitadas,
  que sobreviven con unas monedas.

XVI.

Niños pacientes: piensa en qué dolor
  vuelve paciente a un niño, ¡considéralo!
Les han hecho tanto daño que no luchan por el bien,
  no desean y no se imaginan algo mejor.

XVII.

Niños malos de barbilla afilada
  ¡y frente anciana! Hay muchos
que no tienen placeres que no sean pecados
  y se juegan un penique robado.

XVIII.

Niños enfermizos que lloran bajo
  para sí mismos, no para sus madres,
por mera costumbre, sin esperar
  que nadie les ayude o que les cure.

XIX.

Niños sanos, cuyos azules ojos
  ingleses, que el Creador apenas ha acabado,
se pasan día tras día mirando, feroces y famélicos,
  los panes marrones del panadero.

XX.

I am listening here in Rome,
    And the Romans are confessing,
'English children pass in bloom
    All the prettiest made for blessing.'

XXI.

'Angli angeli' (resumed
    From the mediaeval story)
'Such rose angelhoods, empluned
    In such ringlets of pure glory!'

XXII.

Can we smooth down the bright hair,
    O my sisters, calm, unthrilled in
Our heart's pulses? Can we bear
    The sweet looks of our own children,

XXIII.

While those others, lean and small,
    Scurf and mildew of the city,
Spot our streets, convict us all
    Till we take them into pity?

XXIV.

'Is it our fault?' you reply,
    'When, throughout civilization,
Every nation's empery
    Is asserted by starvation?

XX.
Estoy escuchando en Roma,
   y los romanos están confesando:
—Los niños ingleses mueren en flor,
   todos los más bonitos están hechos para la bendición.

XXI.
—¡Angli angeli! —Al igual
   que se dijo en la historia medieval—.
¡Surgieron tal como ángeles con plumas
   de tirabuzones de pura gloria!

XXII.
¿Podemos peinar el pelo brillante,
   oh, queridas hermanas, con calma, sin sentir agitación
en cada latido del corazón? ¿Podemos soportar
   las miradas tan dulces de nuestros propios niños

XXIII.
Mientras aquellos otros, delgados y pequeños,
   —la caspa y el moho de la ciudad—,
llenan las calles, nos hacen culpables
   hasta que al fin les mostramos piedad?

XXIV.
—¿Acaso es nuestra culpa? —respondéis—.
   ¿Cuando, en todas las civilizaciones,
los Imperios siempre se fundamentan
   gracias a la hambruna de las naciones?

XXV.

'All these mouths we cannot feed,
        And we cannot clothe these bodies.'
Well, if man's so hard indeed,
        Let them learn at least what God is!

XXVI.

Little outcasts from life's fold,
        The grave's hope they may be joined ir
By Christ's covenant consoled
        For our social contract's grinding.

XXVII.

If no better can be done,
        Let us do but this, —endeavor
That the sun behind the sun
        Shine upon them while they shiver!

XXVIII.

On the dismal London flags,
        Through the cruel social juggle,
Put a thought beneath their rags
        To ennoble the heart's struggle.

XXIX.

O my sisters, not so much
        Are we asked for—not a blossom
From our children's nosegay, such
        As we gave it from our bosom, —

XXV.

No hay bastante comida para todas estas bocas hambrientas,
    no hay suficiente ropa para todos estos cuerpos que tiemblan.
Bueno, si en efecto el hombre es tan fuerte,
    ¡dejad que ellos aprendan al menos lo que es Dios!

XXVI.

Pequeños marginados de la vida,
    con la esperanza de unirse en la tumba
y de ser consolados por la alianza de Cristo que hace polvo
    el contrato de nuestra sociedad.

XXVII.

Si no se puede hacer nada mejor,
    déjanos hacer sino esto: ¡esforzarnos
por que el sol tras el sol
    les dé su luz y calor mientras tiemblan!

XXVIII.

Sobre las losas lúgubres de las calles de Londres,
    a través del cruel juego de nuestra sociedad,
dejad un pensamiento por debajo de sus tristes harapos
    para honrar el corazón y su esfuerzo.

XXIX.

Oh, mis queridas hermanas, no es tanto
    lo que se nos pide: no es una flor
de los ramilletes de nuestros hijos,
    como la que les dimos antes de nuestro pecho.

XXX.
Not the milk left in their cup,
    Not the lamp while they are sleeping,
Not the little cloak hung up
    While the coat's in daily keeping, —

XXXI.
But a place in RAGGED SCHOOLS,
    Where the outcasts may to-morrow
Learn by gentle words and rules
    Just the uses of their sorrow.

XXXII.
O my sisters! children small,
    Blue-eyed, wailing through the city—
Our own babes cry in them all:
    Let us take them into pity.

XXX.
No la leche que se queda en su taza
ni tampoco su lámpara
ni la capita que queda colgada
si el abrigo se guarda.

XXXI.
Pero sí un lugar en las ESCUELAS DE LOS POBRES,
donde los marginados aprenderán un día,
con palabras amables y con normas,
cómo utilizar su melancolía.

XXXII.
¡Oh, hermanas mías! Niños muy pequeños
cuyos ojos azules lloran tanto por toda la ciudad,
nuestros bebés lloran en todos ellos;
¡de ellos tened piedad!

MAY'S LOVE

I.

You love all, you say,
    Round, beneath, above me:
Find me then some way
    Better than to love me,
Me, too, dearest May!

II.

O world-kissing eyes
    Which the blue heavens melt to!
I, sad, overwise,
    Loathe the sweet looks dealt to
All things—men and flies.

III.

You love all, you say:
    Therefore, Dear, abate me
Just your love, I pray!
    Shut your eyes and hate me—
Only me—fair May!

EL AMOR DE MAY

I.

Los amas a todos, lo dices siempre,
    alrededor, debajo y sobre mí.
¡Entonces encuentra alguna manera
    que sea mejor que amarme también,
queridísima May!

II.

¡Oh, tus ojos besan el mundo entero,
    derriten el más azul de los cielos!
Yo, demasiado sabia y algo triste,
    odio las miradas dulces que das
a todas las cosas: hombres y moscas.

III.

Los amas a todos, lo dices siempre.
    Por lo tanto, Querida mía, cálmame.
¡Solo tu amor, por favor!
    ¡Cierra los ojos y ódiame,
solo a mí, hermosa May!

AMY'S CRUELTY

I.

FAIR Amy of the terraced house,
    Assist me to discover
Why you who would not hurt a mouse
    Can torture so your lover.

II.

You give your coffee to the cat,
    You stroke the dog for coming,
And all your face grows kinder at
    The little brown bee's humming.

III.

But when he haunts your door.. the town
    Marks coming and marks going..
You seem to have stitched your eyelids down
    To that long piece of sewing!

IV.

You never give a look, not you,
    Nor drop him a 'Good-morning,'
To keep his long day warm and blue,
    So fretted by your scorning.

LA CRUELDAD DE AMY

I.

Hermosa Amy de la casa adosada,
   ayúdame a entender:
¿por qué tú, que no le harías daño ni a un ratón,
   torturas a tu amante de una forma tan cruel.

II.

Le das tu café al gato,
   acaricias al perro con cariño,
y se te ilumina la cara cuando
   escuchas el zumbido de la abeja.

III.

Pero cuando es él quien llama a tu puerta...el pueblo
   se da cuenta de que viene y se va...
¡Parece que tuvieras los párpados cosidos
   a esa pieza tan larga de costura!

IV.

Nunca le miras, no;
   tampoco nunca dices "buenos días"
para alegrarle el día y hacer que este sea largo y azul
   en lugar de un tormento de tus burlas.

V.

She shook her head—'The mouse and bee
    For crumb or flower will linger:
The dog is happy at my knee,
    The cat purrs at my finger.

VI.

'But he... to him, the least thing given
    Means great things at a distance;
He wants my world. my sun, my heaven,
    Soul, body, whole existence.

VII.

'They say love gives as well as takes;
    But I'm a simple maiden, —
My mother's first smile when she wakes
    I still have smiled and prayed in.

VIII.

'I only know my mother's love
    Which gives all and asks nothing;
And this new loving sets the groove
    Too much the way of loathing.

IX.

'Unless he gives me all in change,
    I forfeit all things by him:
The risk is terrible and strange—
    I tremble, doubt, .. deny him.

V.

Ella dijo que no con la cabeza: —El ratón y la abeja
   se quedarán por el pan y la flor;
el perro es feliz estando a mi vera,
   el gato ronronea entre mis dedos.

VI.

Pero él..., para él lo poco que le des
   significará más en el futuro.
Quiere todo mi mundo, quiere mi sol, mi cielo,
   quiere mi alma, mi cuerpo, toda mi vida entera.

VII.

Dicen que el amor da al igual que quita,
   pero yo soy una simple doncella;
la primera sonrisa de mi madre, cuando ella se despierta,
   yo aún la llevo en mis rezos y sonrisas.

VIII.

Solo conozco el amor de mi madre,
   que me lo da todo y no pide nada;
pero este nuevo amor marca un camino
   que se acerca demasiado al del odio.

IX.

A no ser que él me lo dé todo a cambio,
   renuncio a todo lo que venga de él.
El riesgo es terrible y también extraño;
   tiemblo, dudo..., lo acabo rechazando.

X.

'He's sweetest friend, or hardest foe,
   Best angel, or worst devil;
I either hate or.. love him so,
   I can't be merely civil!

XI.

'You trust a woman who puts forth,
   Her blossoms thick as summer's?
You think she dreams what love is worth,
   Who casts it to new-comers?

XII.

'Such love's a cowslip-ball to fling,
   A moment's pretty pastime;
I give.. all me, if anything,
   The first time and the last time.

XIII.

'Dear neighbor of the trellised house,
   A man should murmur never,
Though treated worse than dog and mouse,
   Till doted on for ever!'

X.

Es el mejor amigo o el peor enemigo,
    el mejor de los ángeles o el peor de los diablos.
O bien le odio, o bien le amo.
    ¡No puedo ser simplemente cortés!

XI.

¿Confías en una mujer que enseña
    sus flores tan lustrosas como las del verano?
¿Crees que la mujer que da su amor
    al primero que pasa sueña con lo que vale?

XII.

Ese amor es como una bola de prímulas que tiras,
    el entretenimiento de un momento.
Yo doy... todo de mí, si es que doy algo,
    tanto la primera vez como la última.

XIII.

Mi querido vecino de la casa enrejada,
    ningún hombre debería jamás
murmurar, aunque le traten peor que a un perro o a un ratón,
    ¡hasta que alguien lo quiera para siempre!

MY HEART AND I

I.

ENOUGH! we're tired, my heart and I.
    We sit beside the headstone thus,
And wish that name were carved for us.
    The moss reprints more tenderly
The hard types of the mason's knife,
    As heaven's sweet life renews earth's life
With which we're tired, my heart and I.

II.

You see we're tired, my heart and I.
    We dealt with books, we trusted men,
And in our own blood drenched the pen,
    As if such colors could not fly.
We walked too straight for fortune's end,
    We loved too true to keep a friend;
At last we're tired, my heart and I.

III.

How tired we feel, my heart and I!
    We seem of no use in the world;
Our fancies hang grey and uncurled
    About men's eyes indifferently;
Our voice which thrilled you so, will let
    You sleep; our tears are only wet:
What do we here, my heart and I?

MI CORAZÓN Y YO

I.

¡BASTA! Estamos cansados mi corazón y yo.
   Así que nos sentamos al lado de una tumba y deseamos
que el nombre en la lápida fuera el nuestro.
   De la misma manera que el musgo desdibuja,
una a una, todas las líneas tan duras del cincel del cantero,
   la gran vida del Cielo reconstruye la vida de la tierra,
esa de la que estamos tan cansados mi corazón y yo.

II.

Como puedes ver, estamos cansados mi corazón y yo.
   Trabajamos con libros, confiamos en los hombres,
mojamos la pluma con nuestra sangre,
   como si las palabras pudieran, quizás, llegar a quedarse.
Fuimos caminando en línea recta hacia nuestro destino.
   Amamos demasiado para no perder a nuestros amigos.
Y ya estamos cansados mi corazón y yo.

III.

¡Qué cansados estamos mi corazón y yo!
   Parece que en el mundo no valemos de nada;
las fantasías que tuvimos cuelgan, sin forma y grisáceas,
   delante de los ojos de los hombres con indiferencia;
nuestra voz, que tanto te emocionaba, te dejará dormir;
   nuestras lágrimas solo están mojadas.
¿Qué se supone que hacemos aquí, mi corazón y yo?

IV.

So tired, so tired, my heart and I!
    It was not thus in that old time
    When Ralph sat with me'neath the lime
To watch the sunset from the sky.
    'Dear love, you're looking tired,' he said;
    I, smiling at him, shook my head:
'Tis now we're tired, my heart and I.

V.

So tired, so tired, my heart and I!
    Though now none takes me on his arm
    To fold me close and kiss me warm
Till each quick breath end in a sigh
    Of happy languor. Now, alone,
    We lean upon this graveyard stone,
Uncheered, unkissed, my heart and I.

VI.

Tired out we are, my heart and I.
    Suppose the world brought diadems
    To tempt us, crusted with loose gems
Of powers and pleasures? Let it try.
    We scarcely care to look at even
    A pretty child, or God's blue heaven,
We feel so tired, my heart and I.

IV.

¡Cansados, tan cansados, mi corazón y yo!
No era así en esos tiempos
en los que Ralph se sentaba a mi lado bajo el limero a ver
cómo el sol se ponía desde el cielo.
"Querida mía, pareces cansada", decía.
Yo negaba y sonreía;
es ahora cuando estamos cansados, mi corazón y yo.

V.

¡Cansados, tan cansados, mi corazón y yo!
Aunque ya nadie me coge del brazo
ni me abraza con fuerza, ya nadie me calienta con un beso
hasta que cada aliento termina en un suspiro
de feliz languidez. Ahora, solos,
estamos apoyados sobre una triste lápida
fríos, sin ningún beso, mi corazón y yo.

VI.

Estamos agotados, mi corazón y yo.
Imagina que el mundo nos trajera diademas
con gemas incrustadas para intentar tentarnos
con poder y placer. Pues que lo intente.
Ya apenas si miramos
a un niño lindo, al cielo azul de Dios
Estamos muy cansados, mi corazón y yo.

VII.

Yet who complains? My heart and I?
    In this abundant earth no doubt
    Is little room for things worn out:
Disdain them, break them, throw them by!
    And if before the days grew rough
    We once were loved, used, —well enough,
I think, we've fared, my heart and I.

VII.

Aun así, ¿quién se queja? ¿Mi corazón y yo?
No existe duda alguna: en este mundo rico
no queda ningún sitio para cosas moribundas; las tiran,
las desprecian, las rompen las lanzan por ahí.
Y, si tal vez antes de que los días se volvieran tan duros
una vez fuimos amados, usados,
creo que lo hicimos bastante bien, mi corazón y yo.

THE BEST THING IN THE WORLD

WHAT'S the best thing in the world?
June-rose, by May-dew impearled;
Sweet south-wind, that means no rain;
Truth, not cruel to a friend;
Pleasure, not in haste to end;
Beauty, not self-decked and curled
Till its pride is over-plain;
Light, that never makes you wink;
Memory, that gives no pain;
Love, when, so, you're loved again.
What's the best thing in the world?
—Something out of it, I think.

LO MEJOR DEL MUNDO

¿QUÉ es lo mejor del mundo?
Perlas de rocío caído en mayo sobre rosas de junio;
el viento dulce que viene del sur, pero no trae lluvia;
verdades sin crueldad para un amigo;
placer que no se apresura al final;
belleza, sin adornos y sin rizos,
cuyo orgullo acaba por desbordarse;
luz que nunca te hace parpadear;
recuerdos que no te causan dolor;
el amor cuando te vuelven a amar.
¿Qué es lo mejor del mundo?
Algo de esto, seguro.

WHERE'S AGNES?

I.

NAY, if I had come back so,
     And found her dead in her grave,
And if a friend I know
     Had said,'Be strong, nor rave:
She lies there, dead below:

II.

'I saw her, I who speak,
     White, stiff, the face one blank:
The blue shade came to her cheek
     Before they nailed the plank,
For she had been dead a week.'

III.

Why, if he had spoken so,
     I might have believed the thing,
Although her look, although
     Her step, laugh, voice's ring
Lived in me still as they do.

IV.

But dead that other way,
     Corrupted thus and lost?
That sort of worm in the clay?
     I cannot count the cost,
That I should rise and pay.

¿DÓNDE ESTÁ AGNES?

I.

NO, si yo hubiera vuelto
   y la hubiera visto muerta en su tumba,
y si un conocido me hubiera dicho:
   —Sé fuerte, no te enfades
Está muerta, ahí abajo.

II.

Yo que hablo, yo la vi:
   blanca, rígida, con la faz vacía;
la sombra azul llegaba a su mejilla
   antes de que clavaran el tablón,
hacía una semana que ya no estaba viva.

III.

Si él me hubiera dicho esto,
   le podría haber llegado a creer.
Aunque su mirada, su voz, su risa
   y sus andares vivían en mí
y lo sigan haciendo.

IV.

¿Pero muerta de esta otra
   manera, corrupta y después perdida?
¿Esa clase de gusano en la arcilla?
   No sería capaz de calcular el precio
que podría pagar.

V.

My Agnes false? such shame?
    She? Rather be it said
That the pure saint of her name
    Has stood there in her stead,
And tricked you to this blame.

VI.

Her very gown, her cloak
    Fell chastely: no disguise,
But expression! while she broke
    With her clear grey morning-eyes
Full upon me and then spoke.

VII.

She wore her hair away
    From her forehead, —like a cloud
Which a little wind in May
    Peels off finely: disallowed
Though bright enough to stay.

VIII.

For the heavens must have the place
    To themselves, to use and shine in,
As her soul would have her face
    To press through upon mine, in
That orb of angel grace.

V.

¿Mi Agnes falsa? ¿Semejante vergüenza?
   ¿Ella? Que antes se diga
que la santa virtuosa de su nombre
   se ha puesto en su lugar,
y esta culpa es mentira.

VI.

Su propio vestido y también su capa
   caían virginales: sin disfraces.
¡Pero su expresión! Mientras se rompía,
   con sus ojos claros y grisáceos,
me miró y luego habló.

VII.

Siempre se peinaba el pelo apartado
   de la cara, como una bella nube
que un poco de viento del mes de mayo
   arrastra suavemente con rechazo,
aunque era tan brillante como para quedarse.

VIII.

Pues los cielos necesitan espacio
   para usarlo y brillar,
al igual que su espíritu contaba con su rostro
para presionar a través del mío
dentro de aquella esfera de gracia angelical.

IX.

Had she any fault at all,
    'Twas having none, I thought too—
There seemed a sort of thrall;
    As she felt her shadow ought to
Fall straight upon the wall.

X.

Her sweetness strained the sense
    Of common life and duty;
And every day's expense
    Of moving in such beauty
Required, almost, defence.

XI.

What good, I thought, is done
    By such sweet things, if any?
This world smells ill i' the sun
    Though the garden-flowers are many, —
She is only one.

XII.

Can a voice so low and soft
    Take open actual part
With Right, —maintain aloft
    Pure truth in life or art,
Vexed always, wounded oft? —

IX.
El único defecto que tenía
    era carecer de ellos. Yo también pensaba antes
que ella estaba viviendo en alguna especie de cautiverio,
    pues pensaba que su sombra debía caer recta
encima de la pared.

X.
Su dulzura desafiaba el sentido
    de la vida común y del deber,
y el gasto cotidiano
    de habitar tal belleza
requería, casi, alguna defensa.

XI.
¿Y para qué sirven —me pregunté—
    las cosas tan bonitas?
El mundo apesta a enfermo bajo el sol
    aunque en el jardín haya muchas flores;
ella es solamente una.

XII.
¿Puede acaso una voz tan baja y suave
    tomar partido libre
y certero en el Bien, mantener a flote
    la verdad pura en la vida o el arte,
siempre enfadada, con frecuencia herida?

XIII.

She fit, with that fair pose
    Which melts from curve to curve,
To stand, run, work with those
    Who wrestle and deserve,
And speak plain without glose?

XIV.

But I turned round on my fear
    Defiant, disagreeing—
What if God has set her here
    Less for action than for Being?
For the eye and for the ear.

XV.

Just to show what beauty may,
    Just to prove what music can,
And then to die away
    From the presence of a man,
Who shall learn, henceforth, to pray?

XVI.

As a door, left half ajar
    In heaven, would make him think
How heavenly-different are
    Things glanced at through the chink,
Till he pined from near to far.

XIII.

¿Ella servía, con su pose hermosa,
  que se derretía de una curva a otra,
para estar de pie, correr, trabajar
    junto a aquellos que luchan y que se lo merecen,
y para hablar claro de la verdad?

XIV.

Pero me volví en contra de mi miedo,
  desafiante y también en desacuerdo:
¿Y si Dios la envió aquí
  menos para hacer y más para Ser?
Para los ojos, para los oídos.

XV.

Solo para mostrar lo que la belleza puede alcanzar,
  únicamente para demostrar lo que la música puede,
¿para de pronto desaparecer
  de la presencia de un hombre
que entonces aprenderá a rezar?

XVI.

Como una puerta a medias entreabierta
  en el paraíso le haría pensar
lo diferente que es, de forma celestial,
  aquello que se espía por la grieta
hasta que uno lo anhela.

XVII.

That door could lead to hell?
  That shining merely meant
Damnation? What! She fell
  Like a woman, who was sent
Like an angel, by a spell?

XVIII.

She, who scarcely trod the earth,
  Turned mere dirt? My Agnes, —mine!
Called so! felt of too much worth
  To be used so! too divine
To be breathed near, and so forth!

XIX.

Why, I dared not name a sin
  In her presence: I went round,
Clipped its name and shut it in
  Some mysterious crystal sound, —
Changed the dagger for the pin.

XX.

Now you name herself *that word*?
  O my Agnes! O my saint!
Then the great joys of the Lord
  Do not last? Then all this paint
Runs off nature? leaves a board?

XVII.

¿Podía ser una puerta al infierno?
¿La luz significaba
la condena? ¡Y qué! ¿Acaso ella cayó
    como mujer que había sido enviada
como un ángel por un encantamiento?

XVIII.

¿Ella, que apenas si pisó la tierra,
    convertida en polvo? Ay, mi Agnes. ¡Mía!
¡Llamada así! ¡Demasiado valiosa
    para que alguien la usara así! ¡Demasiado divina
para que respirasen cerca de ella!

XIX.

No me atrevía a nombrar un pecado
    en su presencia; me iba por las ramas,
recortaba su nombre y lo encerraba
    dentro de algún sonido de misterio y cristal;
usaba el alfiler en lugar del puñal.

XX.

¿Ahora la llamas *esa palabra*?
    ¡Oh, mi Agnes! ¡Oh, mi Santa!
¿Las grandes alegrías del Señor
    entonces nunca duran? ¿Luego toda esta pintura
se esfuma de la naturaleza? ¿Deja una tabla en blanco?

XXI.

Who's dead here? No, not she:
   Rather I! or whence this damp
Cold corruption's misery?
   While my very mourners stamp
Closer in the clods on me.

XXII.

And my mouth is full of dust
   Till I cannot speak and curse—
Speak and damn him . . .'Blame's unjust'?
   Sin blots out the universe,
All because she would and must?

XXIII.

She, my white rose, dropping off
   The high rose-tree branch! and not
That the night-wind blew too rough,
   Or the noon-sun burnt too hot,
But, that being a rose—'twas euough!

XXIV.

Then henceforth, may earth grow trees!
   No more roses! —hard straight lines
To score lies out I none of these
   Fluctuant curves! but firs and pines,
Poplars, cedars, cypresses!

XXI.

¿Quién está muerta aquí?
    No, ella no, ¡preferiría ser yo! ¿O de dónde proviene
la miseria húmeda y fría de la corrupción?
    Mientras que mis propios dolientes
pisan la tierra sobre mí.

XXII.

Y se me llena la boca de polvo
    hasta que no puedo hablar e insultar,
hablar y maldecirlo...¿Que "la culpa es injusta"?
    El pecado bloquea el universo,
¿todo porque ella quiso y debió hacerlo?

XXIII.

¡Ella, mi rosa blanca, se cayó
    de la alta rama del rosal! Y no
porque el viento de la noche soplara con demasiada fuerza,
    o porque el sol de mediodía fuera demasiado caliente.
Pero ser una rosa...¡eso fue suficiente!

XXIV.

¡Que desde ahora en la tierra crezcan solamente árboles!
    ¡No más rosas! ¡Líneas rectas y duras
para que tachen todas las mentiras!
    ¡Ni una sola de estas curvas fluctuantes, sino abetos y pinos,
álamos, cedros y también cipreses!

DE PROFUNDIS

I.

THE face which, duly as the sun,
Rose up for me with life begun,
To mark all bright hours of the day
With hourly love, is dimmed away, —
And yet my days go on, go on.

II.

The tongue which, like a stream, could run
Smooth music from the roughest stone,
And every morning with 'Good day'
Make each day good, is hushed away, —
And yet my days go on, go on.

III.

The heart which, like a staff, was one
For mine to lean and rest upon,
The strongest on the longest day
With steadfast love, is caught away, —
And yet my days go on, go on.

IV.

And cold before my summer's done,
And deaf in Nature's general tune,
And fallen too low for special fear,
And here, with hope no longer here, —
While the tears drop, my days go on.

DE PROFUNDIS

I.

EL rostro que, tan puntual como el sol,
se me apareció con la vida a medias
para marcar cada hora luminosa del día
con amor constante se va apagando.
Y, aun así, siguen y siguen mis días.

II.

La lengua que, como un río, podía
producir suave música a partir las más ásperas piedras,
y, todas las mañanas, por dar los buenos días,
hacer que cada día fuera bueno, ahora se silencia.
Y, aun así, siguen y siguen mis días.

III.

El corazón que, al igual que un bastón,
era lo que yo usaba siempre para apoyarme y descansar,
que era el más fuerte en el día más largo,
con amor firme, me es arrebatado.
Y, aun así, siguen y siguen mis días.

IV.

Y fría antes del final del verano
y sorda ante la canción general de la Naturaleza
y habiendo caído muy bajo para tener especial miedo
y aquí, donde no queda ya esperanza,
mientras caen las lágrimas, así mis días siguen.

V.

The world goes whispering to its own,
'This anguish pierces to the bone;'
And tender friends go sighing round,'
'What love can ever cure this wound?'
My days go on, my days go on.

VI.

The past rolls forward on the sun
And makes all night. O dreams begun,
Not to be ended! Ended bliss,
And life that will not end in this!
My days go on, my days go on.

VII.

Breath freezes on my lips to moan:
As one alone, once not alone,
I sit and knock at Nature's door,
Heart-bare, heart-hungry, very poor,
Whose desolated days go on.

VIII.

I knock and cry, —Undone, updone!
Is there no help, no comfort, —none?
No gleaning in the wide wheat-plains
Where others drive their loaded wains?
My vacant days go on, go on.

V.

Este mundo susurra:
"Penetra hasta los huesos esta angustia";
los amigos suspiran:
"¿Qué amor podría curar esta herida?"
Mis días siguen, siguen.

VI.

El pasado se lanza sobre el sol
y entonces todo se convierte en noche. ¡Ojalá que los sueños
que empezaron no terminen! ¡Alivio que termina
y una vida que no se acaba aquí!
Mis días siguen, siguen.

VII.

El aliento se congela en mis labios y se hace triste gemido.
Solitaria, aunque antes no estaba sola,
me siento y le doy golpes a la puerta de la Naturaleza;
me siento con el corazón descubierto y hambriento, muy pobre
cuyos días desconsolados siguen.

VIII.

Llamo y lloro, ¡deshecha, destrozada!
¿No hay ayuda ni consuelo? ¿No hay nada?
¿No hay cosechas en los campos de trigo
donde otros conducen sus carros llenos?
Mis días vacíos siguen y siguen.

IX.

This Nature, though the snows be down,
Thinks kindly of the bird of June:
The little red hip on the tree
Is ripe for such. What is for me,
Whose days so winterly go on?

X.

No bird am I, to sing in June,
And dare not ask an equal boon.
Good nests and berries red are Nature's
To give away to better creatures, —
And yet my days go on, go on.

XI.

I ask less kindness to be done, —
Only to loose these pilgrim-shoon,
(Too early worn and grimed) with sweet
Cool deathly touch to these tired feet,
Till days go out which now go on.

XII.

Only to lift the turf unmown
From off the earth where it has grown,
Some cubit-space, and say, 'Behold,
Creep in, poor Heart, beneath that fold,
Forgetting how the days go on.'

IX.
Esta Naturaleza… Aunque ahora esté cayendo la nieve,
ella piensa en el pájaro de junio;
en la rama del árbol
el escaramujo ya está maduro. ¿Qué hay de mí,
cuyos días invernales se empeñan en seguir?

X.
No soy un pájaro, en junio no canto
y tampoco osaría reclamar tal favor.
La naturaleza da los buenos nidos y las bayas rojas
a criaturas mejores.
Y, aun así, siguen y siguen mis días.

XI.
Yo no reclamo la misma bondad,
solamente aflojar estos zapatos de peregrina
(prematuramente sucios y desgastados), separar
ese tacto dulce, mortal y frío de estos pies tan cansados.
Hasta que acaben los días que siguen.

XII.
Levantar este césped sin cortar
de la tierra sobre la que ha crecido,
hacer un hueco debajo y decir:
"Contémplalo bien y entra, pobre Corazón, bajo ese doblez
y olvida así cómo los días siguen".

XIII.

What harm would that do? Green anon
The sward would quicken, overshone
By skies as blue; and crickets might
Have leave to chirp there day and night
While my new rest went on, went on.

XIV.

From gracious Nature have I won
Such liberal bounty? may I run
So, lizard-like, within her side,
And there be safe, who now am tried
By days that painfully go on?

XV.

—A Voice reproves me thereupon,
More sweet than Nature's when the drone
Of bees is sweetest, and more deep
Than when the rivers overleap
The shuddering pines, and thunder on.

XVI.

God's Voice, not Nature's Night and noon
He sits upon the great white throne
And listens for the creatures' praise.
What babble we of days and days?
The Day-spring He, whose days go on.

XIII.

¿Qué daño haría? El verde volvería,
la hierba no tardaría en brillar
bajo cielos azules y los grillos
podrían cantar allí día y noche.
Y mientras tanto mi nuevo descanso de una vez seguiría, seguiría.

XIV.

¿He ganado de la Naturaleza
grandiosa este botín tan liberal? ¿Podría yo correr,
como una lagartija, a su lado
y allí quedarme a salvo, yo, que estoy tan cansada,
de los días dolorosos que siguen?

XV.

Una Voz me reprende en ese instante,
todavía más dulce que la de la Naturaleza cuando
es bello el zumbido de las abejas y más profunda
que cuando los ríos se juntan
sobre pinos temblorosos y siguen su camino.

XVI.

¡Era la voz de Dios, y no la voz de la Naturaleza!
Durante la noche y el mediodía se sienta en el gran trono blanco
y presta atención a las alabanzas de todas sus criaturas.
¿Qué mascullamos de días y días?
El Alba eterna, Él, cuyos días siguen.

XVII.

He reigns above, He reigns alone;
Systems burn out and leave His throne:
Fair mists of seraphs melt and fall
Around Him, changeless amid all, —
Ancient of Days, whose days go on.

XVIII.

He reigns below, He reigns alone,
And, having life in love foregone
Beneath the crown of sovran thorns,
He reigns the Jealous God. Who mourns
Or rules with Him, while days go on?

XIX.

By anguish which made pale the sun,
I hear Him charge His saints that none
Among His creatures anywhere
Blaspheme against Him with despair,
However darkly days go on.

XX.

Take from my head the thorn-wreath brown!
No mortal grief deserves that crown.
O supreme Love, chief Misery,
The sharp regalia are for THEE
Whose days eternally go on!

XVII.

Él reina arriba, reina en soledad;
sistemas que terminan y abandonan Su trono:
nubes de serafines se derriten y caen
alrededor de Él, El que jamás cambia:
El más Antiguo de todos los Días, cuyos días siempre siguen.

XVIII.

Él reina abajo, reina en soledad,
y, habiéndose privado de una vida de amor,
llevando la corona de espinas soberanas,
reina el Dios Celoso. ¿Quién se lamenta
o reina al lado de Él mientras los días siguen?

XIX.

Por una angustia que hizo palidecer al sol
oigo cómo les encarga a Sus santos
que en ningún lugar, nunca, una de Sus criaturas
pierda toda esperanza y blasfeme contra Él,
por muy tristes y grises que pudieran ser los días que siguen.

XX.

¡Quita de mi cabeza esta corona de espinas marrón!
Ninguna pena mortal la merece.
¡Oh, Amor supremo, Miseria mayor,
son para TI las galas,
y tus días eternamente siguen!

XXI.

For us, —whatever's undergone,
Thou knowest, wiliest what is done.
Grief may be joy misunderstood;
Only the Good discerns the good.
I trust Thee while my days go on.

XXII.

Whatever's lost, it first was won:
We will not struggle nor impugn.
Perhaps the cup was broken here,
That Heaven's new wine might show more clear.
I praise Thee while my days go on.

XXIII.

I praise Thee while my days go on;
I love Thee while my days go on:
Through dark and dearth, through fire and frost,
With emptied arms and treasure lost,
I thank Thee while my days go on.

XXIV.

And having in Thy life-depth thrown
Being and suffering (which are one),
As a child drops his pebble small
Down some deep well, and hears it fall
Smiling—so I.   THY DAYS GO ON.

XXI.

Cada cosa que sufrimos nosotros
tú la conoces bien, son todas fruto de Tu voluntad.
El dolor puede ser una felicidad incomprendida;
solo lo Bueno distingue lo bueno.
Confío en Ti mientras mis días siguen.

XXII.

Lo que se pierde se ganó primero;
no lucharemos ni cuestionaremos.
Quizás la copa se rompiera aquí
para que así el nuevo vino del Cielo se mostrara más claro.
Yo Te alabo mientras mis días siguen.

XXIII.

Yo Te alabo mientras mis días siguen,
yo Te quiero mientras mis días siguen.
Cuando está oscuro, y hay escasez, a través de llamas y escarcha,
con las manos vacías y el tesoro perdido,
yo Te agradezco todo mientras mis días siguen.

XXIV.

Y, ahora que he arrojado
mi ser y sufrimiento (que son solamente uno)
a Tu eterna profundidad vital, como un niño que tira
una pequeña piedra en un pozo profundo y la escucha caer
mientras sonríe, yo también sonrío. TUS DÍAS SIGUEN.

A MUSICAL INSTRUMENT

I.

WHAT was he doing, the great god Pan,
  Down in the reeds by the river?
Spreading ruin and scattering ban,
Splashing and paddling with hoofs of a goat,
And breaking the golden lilies afloat
  With the dragon-fly on the river.

II.

He tore out a reed, the great god Pan,
  From the deep cool bed of the river:
The limpid water turbidly ran,
And the broken lilies a-dying lay,
And the dragon-fly had fled away,
  Ere he brought it out of the river.

III.

High on the shore sate the great god Pan,
  While turbidly flowed the river;
And hacked and hewed as a great god can,
With his hard bleak steel at the patient reed,
Till there was not a sign of a leaf indeed
  To prove it fresh from the river.

UN INSTRUMENTO MUSICAL

I.

¿Qué hacía el gran dios Pan
abajo entre las cañas junto al río?
Difundía desgracia, sembraba maleficios,
salpicaba y remaba con pezuñas de cabra,
rompía las margaritas doradas que flotaban
junto a la libélula sobre el río.

II.

Él arrancó una caña, el gran dios Pan,
del profundo y fresco lecho del río.
El agua límpida corría turbia,
las margaritas rotas flotaban moribundas,
y la libélula ya se había ido
antes de que él la sacara del río.

III.

En la orilla se sentó el gran dios Pan,
mientras que abajo fluía turbio el río,
y él cortó y talló como puede un dios
esa caña con su acero sombrío
hasta que de hecho no quedó ni rastro de una hoja
que pudiera demostrar que acababa de sacarla del río.

IV.

He cut it short, did the great god Pan,
    (How tall it stood in the river!)
Then drew the pith, like the heart of a man,
Steadily from the outside ring,
And notched the poor dry empty thing
    In holes, as he sate by the river.

V.

'This is the way,' laughed the great god Pan.
    (Laughed while he sate by the river,)
'The only way, since gods began
To make sweet music, they could succeed.'
Then, dropping his mouth to a hole in the reed,
    He blew in power by the river.

VI.

Sweet, sweet, sweet, O Pan!
    Piercing sweet by the river!
Blinding sweet, O great god Pan!
The sun on the hill forgot to die,
And the lilies revived, and the dragon-fly
    Came back to dream on the river.

VII.

Yet half a beast is the great god Pan,
    To laugh as he sits by the river,
Making a poet out of a man:
The true gods sigh for the cost and pain, —
For the reed which grows nevermore again
    As a reed with the reeds in the river.

IV.
Él acortó la caña, el gran dios Pan.
   (¡Qué alta se había alzado en ese río!)
Y después le fue sacando la médula,
como si fuera el corazón de un hombre,
despacio, por el anillo de fuera, y le hizo muescas al tallo vacío
hasta llenarlo entero de agujeros, sentado junto al río.

V.
"Esta es la forma", se rio el gran dios Pan
   (se rio sentado a la orilla del río),
"La única forma, desde que los dioses
empezaron a crear dulce música, de hacerlo y tener éxito".
Puso los labios sobre un agujero
   y le infundió a la caña su poder junto al río.

VI.
Dulce, tan dulce, ¡ay, Pan!
   ¡Tan dulce y penetrante junto al río!
Maravillosa y dulce, ¡ay, gran dios Pan!
Tras la montaña el sol se olvidó de morir,
y las margaritas resucitaron, e incluso la libélula volvió
   para soñar un rato sobre el río.

VII.
Pero es que es mitad bestia el gran dios Pan,
   pues se ríe sentado junto al río
mientras convierte a un hombre en un poeta;
los dioses verdaderos suspiran por el coste y el dolor,
por la caña que ya no crece más
   como una más de las cañas del río.

FIRST NEWS FROM VILLAFRANCA

I.

PEACE, peace, peace, do you say?
    What! —with the enemy's guns in our ears?
    With the country's wrong not rendered back?
What! —while Austria stands at bay
    In Mantua, and our Venice bears
    The cursed flag of the yellow and black?

II.

Peace, peace, peace, do you say?
    And this the Mincio? Where's the fleet,
    And where's the sea? Are we all blind
Or mad with the blood shed yesterday,
    Ignoring Italy under our feet,
    And seeing things before, behind?

III.

Peace, peace, peace, do you say?
    What! —uncontested, undenied?
    Because we triumph, we succumb?
A pair of Emperors stand in the way,
    (One of whom is a man, beside)
    To sign and seal our cannons dumb?

PRIMERAS NOTICIAS DE VILLAFRANCA

I.

PAZ, paz, ¿habláis de paz?
¿Cómo? ¿Con los disparos enemigos en los oídos?
¿Con los daños del país sin vengar?
¿Mientras Austria se mantiene a la espera
    allí en Mantua, y nuestra Venecia lleva
    la infame bandera amarilla y negra?

II.

Paz, paz, ¿habláis de paz?
¿Y este es el Mincio? ¿Dónde está la flota?
¿Y dónde está el mar? ¿Es que estamos ciegos
o locos por la sangre que se derramó ayer
    y por eso ignoramos la Italia justo bajo nuestros pies
    y vemos detrás lo que está delante?

III.

Paz, paz, ¿habláis de paz?
¿Y cómo es? ¿Incontestada? ¿Innegable?
¿Acaso sucumbimos por triunfar?
¿Un par de Emperadores se interponen
    (uno de ellos es, además, un hombre),
    acallan y sellan nuestros cañones?

IV.

No, not Napoleon! —he who mused
   At Paris, and at Milan spake,
   And at Solferino led the fight:
Not he we trusted, honored, used
   Our hopes and hearts for . . till they break—
   Even so, you tell us . .in his sight.

V.

Peace, peace, is still your word?
   We say you lie then! —that is plain.
   There is no peace, and shall be none.
Our very Dead would cry 'Absurd!'
   And clamor that they died in vain,
   And whine to come back to the sun.

VI.

Hush! more reverence for the Dead!
   They've done the most for Italy
   Evermore since the earth was fair.
Now would that we had died instead,
   Still dreaming peace meant liberty,
   And did not, could not mean despair.

VII.

Peace, you say? —yes, peace, in truth!
   But such a peace as the ear can achieve
   'Twixt the rifle's click and the rush of the ball,
'Twixt the tiger's spring and the crunch of the tooth,
   'Twixt the dying atheist's negative
And God's Face—waiting, after all!

IV.

¡No, no Napoleón!
　—Él pensaba en París, también habló en Milán
　y en Solferino lideró la lucha;
no aquel en quien confiábamos, a quien tanto honrábamos,
　y entregamos esperanza y corazón... hasta destrozarlos—.
Aun así, nos decís esto... frente a él.

V.

Paz, paz, ¿la paz es aún vuestra promesa?
¡Mentís entonces! Eso está bien claro.
No hay paz y no la habrá.
Nuestros Muertos gritarían: "¡Absurdo!"
Ellos clamarían que han muerto en vano
y llorarían por volver al sol.

VI.

¡Silencio! Un respeto para los Muertos.
Ellos han hecho más que nadie por Italia
　siempre, desde que la tierra era justa.
Ojalá hubiéramos muerto nosotros en su lugar,
　todavía soñando que paz significaba libertad
　y no significaba —no podía— nunca desesperanza.

VII.

¿Paz, decís? ¡Sí, paz, claro!
　Pero la única paz que puede llegar a nuestros oídos
　solo lo hará entre el ruido del rifle y el camino de la bala
entre el salto del tigre y el crujido del diente,
　entre la negativa del ateo que muere
y el Rostro de Dios, ¡que estará esperando a pesar de todo!

KING VICTOR EMANUEL ENTERING FLORENCE, APRIL, 1860

I.

KING of us all, we cried to thee, cried to thee,
    Trampled to earth by the beasts impure,
    Dragged by the chariots which shame as they roll:
The dust of our torment far and wide to thee
    Went up, dark'ning thy royal soul.
        Be witness, Cavour,
That the King was sad for the people in thrall,
    This King of us all!

II.

King, we cried to thee! Strong in replying,
    Thy word and thy sword sprang rapid and sure,
    Cleaving our way to a nation's place.
Oh, first soldier of Italy! —crying
    Now grateful, exultant, we look in thy face.
        Be witness, Cavour,
That, freedom's first soldier, the freed should call
    First King of them all!

III.

This is our beautiful Italy's birthday;
    High-thoughted souls, whether many or fewer,
    Bring her the gift, and wish her the good,
While Heaven presents on this sunny earth-day
    The noble King to the land renewed:
        Be witness, Cavour!
Roar, cannon-mouths! Proclaim, install
    The King of us all!

EL REY VÍCTOR MANUEL ENTRANDO EN FLORENCIA, ABRIL, 1860

I.

REY de todos nosotros, te gritamos, te gritamos a ti.
 Pisoteados por bestias impuras,
 arrastrados por carros que siembran vergüenza a su paso.
Nuestro sufrimiento levantó polvo por todas partes
 y subió hacia ti hasta que oscureció tu alma real.
 Sé testigo, Cavour,
del lamento del Rey por el pueblo cautivo.
 ¡Este Rey de cada uno de nosotros!

II.

¡Rey, te gritamos! La respuesta fuerte:
 tu palabra y tu espada aparecieron, rápidas y seguras,
 y abrieron el camino hacia el lugar de una nación.
¡Primer soldado de Italia!, gritamos.
 Ahora, agradecidos, exultantes, contemplamos tu rostro.
 Sé testigo, Cavour, de que el primer soldado
de la libertad será por los liberados llamado
 ¡el Primer Rey de todos!

III.

El día de hoy es el cumpleaños de nuestra hermosa Italia;
 almas con pensamientos elevados, sean muchas o pocas,
 le traen el regalo, también le desean todo lo bueno,
mientras el Cielo muestra en este día de sol en la tierra
 el rey noble a la tierra renovada:
 ¡Sé testigo, Cavour!
¡Rugid, bocas de cañón! ¡Proclamad,
 coronad al Rey de todos nosotros!

IV.

Grave he rides through the Florence gateway,
    Clenching his face into calm, to immure
    His struggling heart till it half disappears;
If he relaxed for a moment, straightway
    He would break out into passionate tears—
        (Be witness, Cavour!)
While rings the cry without interval,
    'Live, King of us all"

V.

Cry, free peoples! Honor the nation
    By crowning the true man—and none is truer:
    Pisa is here, and Livorno is here,
And thousands of faces, in wild exultation,
    Burn over the windows to feel him near-
        (Be witness, Cavour!)
Burn over from terrace, roof, window and wall,
    On this King of us all.

VI.

Grave! A good man's ever the graver
    For bearing a nation's trust secure;
    And he, he thinks of the Heart, beside,
Which broke for Italy, failing to save her,
    And pining away by Oporto's tide:
        Be witness, Cavour,
That he thinks of his vow on that royal pall,
    This King of us all.

IV.

Atraviesa él la entrada de Florencia
　con actitud solemne, contrayendo el rostro en calma
　para enterrar su corazón inquieto hasta casi desaparecer;
si se relajara solo un momento, sin duda
　de sus ojos brotarían apasionadas lágrimas.
　(¡Sé testigo, Cavour!)
Mientras el grito suena sin cesar:
　"¡Viva, viva el Rey de todos nosotros!"

V.

¡Gentes libres, gritad! Ahora honrad así a vuestra nación
　y coronad al hombre verdadero, pues no lo hay más que él:
　Pisa está aquí, y Livorno está también,
y los rostros por miles arden en frenética exultación
　sobre los ventanales para sentirle cerca.
　(¡Sé testigo, Cavour!)
Arden en las terrazas, los tejados, paredes y ventanas,
　por él, este Rey de todos nosotros.

VI.

¡Solemne! Un hombre bueno es más solemne
　cuando aguanta el peso de la confianza de toda una nación;
Y él piensa en el Corazón, además,
ese que quedó roto por Italia, que no pudo salvarla,
　el que se consumió a orillas de Oporto.
　　Sé testigo, Cavour,
de que piensa en sus votos sobre el manto real,
　este Rey de cada uno de nosotros.

VII.

Flowers, flowers, from the flowery city!
   Such innocent thanks for a deed so pure,
   As, melting away for joy into flowers,
The nation invites him to enter his Pitti
   And evermore reign in this Florence of ours.
      Be witness, Cavour!
He'll stand where the reptiles were used to crawl,
   This King of us all.

VIII.

Grave, as the manner of noble men is—
   Deeds unfinished will weigh on the doer:
   And, baring his head to those craps-veiled flags,
He bows to the grief of the South and Venice.
Oh, riddle the last of the yellow to rags,
      And swear by Cavour
That the King shall reign where the tyrants fall,
   True King of us all!

VII.

¡Las flores de la ciudad floreada!
 Agradecimientos tan inocentes por una obra tan pura
 mientras, derritiéndose de alegría,
la nación le invita a entrar en su Pitti
 y a reinar por siempre en nuestra Florencia.
 ¡Sé testigo, Cavour!
Él caminará donde los reptiles solían reptar,
 Este Rey de cada uno de nosotros.

VIII.

Solemne es la actitud de los hombres de honor;
 lo que no se termine pesará sobre aquel que lo empezó:
 Descubre su cabeza él, ante el crespón de estas banderas,
se inclina ante el dolor del Sur y de Venecia.
Oh, acaba con los restos de amarillo hasta que sean andrajos
 y jura por Cavour
que el Rey reinará donde cayeron los tiranos.
 ¡Rey verdadero de todos nosotros!

THE SWORD OF CASTRUCCIO CASTRACANI

Questa é per me
KING VICTOR EMANUEL

I.

WHEN Victor Emanuel the King,
    Went down to his Lucca that day,
The people, each vaunting the thing
    As he gave it, gave all things away, —
    In a burst of fierce gratitude, say,
As they tore out their hearts for the King.

II.

—Gave the green forrest-walk on the wall,
    With the Apennine blue through the trees;
Gave the palaces, churches, and all
    The great pictures which burn out of these:
    But the eyes of the King seemed to freeze
As he glanced upon ceiling and wall.

III.

'Good,' said the King as he passed.
    Was he cold to the arts? —or else coy
To possession? or crossed, at the last,
    (Whispered some) by the vote in Savoy?
    Shout! Love him enough for his joy!
'Good,' said the King as he passed.

LA ESPADA DE CASTRUCCIO CASTRACANI

Questa é per me
REY VÍCTOR MANUEL

I.

CUANDO Víctor Manuel, el Rey,
    visitó su Lucca aquel día,
la gente, presumiendo de lo que les daba,
    cuando lo daba, le entregaron todo lo que tenían
    —en un arrebato de gratitud mientras
se arrancaban el corazón para dárselo al rey—.

II.

Le dieron el camino verdoso del bosque,
con el azul apenino asomando entre los árboles;
le dieron los palacios, las iglesias y todos
    los grandes cuadros que había allí dentro.
    Pero los ojos del rey parecieron congelarse al mirar
el techo y la pared.

III.

—Muy bien —decía el Rey cuando pasaba.
    ¿Era frío para el arte? ¿O era tímido
a la hora de poseer? ¿O estaba enfadado, al fin,
    (susurraban algunos) por el voto de Saboya?
    ¡Ahora gritad! ¡Amadle bastante para ver su alegría!
—Muy bien —decía el Rey cuando pasaba.

IV.

He, traveling the whole day through flowers
    And protesting amenities, found
At Pistoia, betwixt the two showers
    Of red roses, the 'Orphans,' (renowned
    As the heirs of Puccini) who wound
With a sword through the crowd and the flowers.

V.

"Tis the sword of Castruccio, O King, —
    In that strife of intestinal hate,
Very famous! Accept what we bring,
    We who cannot be sons, by our fate,
    Rendered citizens by thee of late,
And endowed with a country and king.

VI.

'Read! Puccini has willed that this sword
    (Which once made in an ignorant feud
Many orphans) remain in our ward
    Till some patriot its pure civic blood
    Wipe away in the foe's and make good,
In delivering the land by the sword.'

VII.

Then the King exclaimed, 'This is for me!'
    And he dashed out his hand on the hilt,
While his blue eye shot fire openly,
    And his heart overboiled till it spilt
    A hot prayer, — 'God! the rest as Thou wilt!
But grant me this! —This is for me.'

IV.

Él, que había pasado todo el día viajando entre las flores
y protestando por las comodidades, encontró
en Pistoya, entre cataratas de rosas rojas,
a los "Huérfanos" (que eran conocidos
como los herederos de Puccini), que se abrían paso
con una espada por entre la multitud y las flores.

V.

—¡Es la espada de Castruccio, oh, mi Rey,
la que fue tan famosa en esa lucha de odio visceral!
Aceptad lo que traemos nosotros, que, por nuestro destino,
no podemos ser hijos, que, gracias a vos, somos
ciudadanos desde hace poco tiempo,
y nos dotasteis de país y rey.

VI.

'¡Leed! Era el deseo de Puccini que esta espada
(la que, en una ignorante disputa,
dejó huérfanos a muchos) quedara bajo nuestra custodia
hasta que algún patriota limpiara la sangre
pura y civil con la del enemigo y así compense
y salve la tierra con la espada.'

VII.

—¡Esto es para mí! —exclamó el Rey entonces;
se apresuró a agarrar la empuñadura,
sus ojos tan azules llameaban
y se le desbordaba el corazón hasta que expulsó
un rezo ardiente: ¡Dios! ¡Que lo demás sea como tú quieras,
pero otórgame esto! Esto es para mí.

VIII.

O Victor Emanuel, the King,
 The sword be for thee, and the deed,
And nought for the alien, next spring,
 Nought for Hapsburg and Bourbon agreed—
 But, for us, a great Italy freed,
With a hero to head us, —our King!

VIII.

Víctor Manuel, el Rey,
    que sea para vos la espada y el hecho
y nada para los extranjeros, la próxima primavera
    no habrá nada para los Habsburgo ni los Borbones,
    pero, para nosotros, una grandiosa Italia liberada
y un héroe que nos lidere: ¡nuestro Rey!

SUMMING UP IN ITALY

inscribed to intelligent publics out of it

I.

OBSERVE how it will be at last,
    When our Italy stands at full stature,
A year ago tied down so fast
    That the cord cut the quick of her nature!
You'll honor the deed and its scope,
    Then, in logical sequence upon it,
Will use up the remnants of rope
    By hanging the men who have done it.

II.

The speech in the Commons, which hits you
    A sketch off, how dungeons must feel, —
The official despatch, which commits you
    From stamping out groans with your heel, —
Suggestions in journal or book for
    Good efforts, —are praised as is meet:
But what in this world can men look for,
    Who only achieve and complete?

RECAPITULACIÓN EN ITALIA

dedicado a un público inteligente ajeno a ello

I.

OBSERVA cómo será cuando al fin
   se erija hasta alcanzar su mayor estatura nuestra Italia,
que antaño estaba atada con tal fuerza
   ¡que la cuerda cortó la carne viva de su naturaleza!
Vosotros honraréis lo que ocurrió, así como sus consecuencias.
   Y, cuando sigáis la lógica de estas,
utilizaréis los restos de cuerda
   para ahorcar a todos los hombres responsables.

II.

El discurso en la Cámara de los Comunes te golpea entonces,
   se dibuja algo en tu cabeza: la sensación en los calabozos
—el envío oficial que te prohíbe
   hundir los gemidos con tu talón—,
los consejos en libros y periódicos
   de buenos esfuerzos son elogiados como corresponde.
Pero ¿qué hay en este mundo que busquen aquellos hombres
   que tan solo consiguen y completan?

III.

True, you've praise for the fireman who sets his
    Brave face to the axe of the flame,
Disappears in the smoke, and then fetches
    A babe down, or idiot that's lame, —
For the boor even, who rescues through pity
    A sheep from the brute who would kick it:
But saviors of nations! —'tis pretty,
    And doubtful: they may be so wicked:

IV.

Azeglio, Farini, Mamiani,
    Ricasoli, —doubt by the dozen! —here's
Pepoli too, and Cipriani,
    Imperial cousins and cozeners—
Arese, Laiatico, —courtly
    Of manners, if stringent of mouth:
Garibaldi! we'll come to him shortly,
    (As soon as he ends in the South).

V.

Napoleon—as strong as ten armies,
    Corrupt as seven devils—a fact
You accede to, then seek where the harm is
    Drained off from the man to his act,
And find—a free nation! Suppose
    Some hell-brood in Eden's sweet greenery,
Convoked for creating—a rose!
    Would it suit the infernal machinery?

III.

Cierto, tenéis elogios para el bombero que enfrenta las llamas,
    que desaparece en el humo y baja
con un bebé o un idiota que está cojo;
    incluso para el bruto que rescata por lástima
a una oveja del patán que le pega.
    Pero ¡los salvadores de naciones!
Es algo muy bonito y dudoso también;
    cualquiera puede ser ciertamente muy cruel:

IV.

Piensa en Azeglio, Farini, Mamiani,
    Ricasoli —¡las dudas por docenas!—,
también está aquí Pepoli, y Cipriani,
    primos imperiales y embaucadores
—Arese, Lajatico—,
    modales elegantes, palabras inflexibles.
¡Garibaldi! Llegaremos a él pronto
    (cuando acabe en el Sur).

V.

Napoleón —tan fuerte como diez ejércitos;
    corrupto como siete demonios—, es un hecho
al que accedes después buscas el punto en el que el daño
    pasa de un hombre a sus actos y encuentras
¡una nación que es libre! Supongamos
    una criatura de los infiernos entre el dulce verde del Edén
que fue convocada para crear... ¡una rosa!
    ¿Acaso eso encajaría muy bien con la maquinaria infernal?

VI.

Cavour. —to the despot's desire,
    Who his own thought so craftily marries—
What is he but just a thin wire
    For conducting the lightning from Paris?
Yes, write down the two as compeers,
    Confessing (you would not permit a lie)
He bore up his Piedmont ten years
    Till she suddenly smiled and was Italy.

VII.

And the King, with that 'stain on his scutcheon,'
    Savoy—as the calumny runs;
(If it be not his blood, —with his clutch on
    The sword, and his face to the guns).
O first, where the battle-storm gathers,
    O loyal of heart on the throne,
Let those keep the 'graves of their fathers,'
    Who quail, in a nerve, from their own!

VIII.

For *thee*—through the dim Hades-portal
    The dream of a voice— 'Blessed thou
Who hast made all thy race twice immortal!'
    'No need of the sepulchers now!
— 'Left to Bourbons and Hapsburgs, who fester
    'Above-ground with worm-eaten souls,
'While the ghost of some pale feudal jester'
    'Before them strews treaties in holes.'

VI.

Cavour —ante el déspota y su deseo,
   quien une hábilmente su pensamiento—,
¿qué es sino un fino cable
   que desde París conduce los rayos?
Sí, apúntalos a los dos como iguales
   y confiesa (tú no permitirías una mentira)
que él mantuvo su Piamonte diez años
   hasta que un día sonrió y era Italia.

VII.

Y el Rey, con aquella "mancha en su escudo",
   Saboya, según dice la calumnia;
(si al final no es su sangre, con su agarre en la espada
   y su rostro enfrentando los cañones).
¡Oh, primero, allí donde se convoca la tormenta de la batalla,
   oh, leal de corazón en el trono,
déjales conservar "las tumbas de sus padres"
   a aquellos que se asustan, por nervios, de los suyos!

VIII.

'Para *ti*, a través del tenue portal del Hades
   llega el sueño de una voz: "¡Bendito seas tú,
que has hecho que tu raza sea doblemente inmortal!
   ¡Ya no es necesario tener sepulcros!
Déjaselos a Borbones y Habsburgo, que se van pudriendo
   sobre la tierra con almas comidas por los gusanos
mientras que ante sus ojos el fantasma
de un pálido bufón feudal esparce tratados agujereados.'

IX.

But hush! —am I dreaming a poem
    Of Hades, Heaven, Justice? Not I—
I began too far off, in my proem,
    With what men believe and deny:
And on earth, whatsoever the need is,
    (To sum up as thoughtful reviewers)
The moral of every great deed is
    The virtue of slandering the doers.

IX.

¡Pero silencio! ¿Acaso estoy soñando con un poema
    sobre Hades, el Cielo y la Justicia? No;
he comenzado demasiado lejos en mi prefacio,
    con lo que los hombres creen y niegan.
Y es que en esta tierra, sea cual sea la necesidad,
    (hacer recapitulaciones como críticos pensativos)
la moraleja de todo gran acto es siempre
    la virtud de difamar a aquellos que lo llevaron a cabo.

'DIED ...'

(The 'Times' *Obituary.)*

I.

WHAT shall we add now? He is dead.
   And I who praise and you who blame,
   With wash of words across his name,
Find suddenly declared instead—
   'On Sunday, third of August, dead!'

II.

Which stops the whole we talked to-day.
   I, quickened to a plausive glance
   At his large general tolerance
By common people's narrow way,
Stopped short in praising.   Dead, they say.

III.

And you, who had just put in a sort
   Of cold deduction— 'rather, large
   Through weakness of the continent marge,
Than greatness of the thing contained'—
Broke off.   Dead! —there, you stood restrained.

IV.

As if we had talked in following one
   Up some long gallery. 'Would you choose
   An air like that? The gait is loose—
Or noble.' Sudden in the sun
An oubliette winks.   Where *is* he?   Gone.

"MURIÓ…"

(obituario del Times)

I.
¿QUÉ más se puede añadir? Está muerto.
 Y yo con mis elogios y vosotros culpando,
 con tantas palabras sobre su nombre,
de pronto nos encontramos diciendo:
 "Domingo, día tres de agosto, ¡muerto!"

II.
Nuestra conversación se detiene hoy.
 Yo, tan presta a una mirada plausible
 hacia su amplia y general tolerancia,
sigo el camino estrecho de la gente
y callo mis elogios.   Muerto, dicen.

III.
Y tú que justo habías pronunciado una especie
 de fría deducción —"parecía más grande
 por la debilidad del continente
que por la grandeza del contenido"—
tuviste que callar.   ¡Muerto! Ahí te quedaste, comedido.

IV.
Como si nos hubiéramos dedicado a seguir
 a alguien por una larga galería
 hablando a sus espaldas: "¿Su actitud la compartes?
Los andares son vagos, o sinceros".De pronto bajo el sol,
se asoma una mazmorra.   ¿Él dónde *está*?   Se fue.

V.

Dead. Man's 'I was' by God's 'I am'—
    All hero-worship comes to that.
    High heart, high thought, high fame, as flat
As a gravestone. Bring your *Jacet jam*—
The epitaph's an epigram.

VI.

Dead. There's an answer to arrest
    All carping. Dust's his natural place?
He'll let the flies buzz round his face
And, though you slander, not protest?
—From such an one, exact the Best?

VII.

Opinions gold or brass are null.
    We chuck our flattery or abuse,
    Called Caesar's due, as Charon's
        dues,
I' the teeth of some dead sage or fool,
To mend the grinning of a skull.

VIII.

Be abstinent in praise and blame.
    The man's still mortal, who stands first;
    And mortal only, if last and worst.
Then slowly lift so frail a fame,
Or softly drop so poor a shame.

V.

Muerto. El "Yo era" del hombre frente al "Yo soy" de Dios.
Toda adoración de un héroe acaba de la misma manera.
Los altos corazones y los altos pensamientos, la alta fama,
tan plana como una triste lápida. Traed los *iacet iam*;
el epitafio es un simple epigrama.

VI.

Muerto. He ahí una respuesta que acaba por fin
con todas las críticas. ¿Dices que el polvo es donde debe estar?
A él qué más le dará; dejará que las moscas le ronden,
¿y, si lo calumnias, se quejará?
— ¿Y de alguien así esperas lo Mejor?

VII.

Las opiniones, de oro o de latón, son nulas.
Y tiramos por ahí insultos o cumplidos.
Pagamos al César lo que es del César y a Caronte lo que
le corresponde.
Usando dientes de sabios e idiotas
quién pudiera arreglar una sonrisa de una calavera.

VIII.

Absteneros de elogios y de culpas.
Los hombres son mortales;
los primeros, los últimos, mejores y peores.
Así que levantad una fama tan frágil,
o bien dejad caer con suavidad una pobre vergüenza.

151

THE FORCED RECRUIT

Solferino, 1859

I.

IN the ranks of the Austrian you found him,
    He died with his face to you all;
Yet bury him here where around him
    You honor your bravest that fall.

II.

Venetian, fair-featured and slender,
    He lies shot to death in his youth,
With a smile on his lips over-tender
    For any mere soldier's dead mouth.

III.

No stranger, and yet not a traitor,
    Though alien the cloth on his breast,
Underneath it how seldom a greater
    Young heart, has a shot sent to rest!

IV.

By your enemy tortured and goaded
    To march with them, stand in their file,
His musket (see) never was loaded,
    He facing your guns with that smile!

EL RECLUTA FORZADO

Solferino, 1859

I.

ENTRE las filas de Austria lo encontrabas,
    murió dándoos a todos la cara;
pero enterradle donde alrededor
    honréis a los más valientes caídos.

II.

Veneciano, él era apuesto y esbelto,
    tan joven, yace muerto de un disparo
con una sonrisa de labios suaves más tierna
    que la mera boca muerta que tendría cualquier otro soldado.

III.

No era un extraño, tampoco traidor.
    Aunque llevaba una tela extranjera sobre el pecho,
¡pocas veces un tiro ha detenido un corazón más grande
    que ese tan joven que había bajo ella!

IV.

Torturado e incitado por vuestros enemigos,
    obligado a desfilar a su lado, a quedarse en sus filas;
su mosquete nunca estaba cargado,
    ¡y frente a vuestras armas sonreía!

V.

As orphans yearn on to their mothers,
    He yearned to your patriot bands; —
'Let me die for our Italy, brothers,
    If not in your ranks, by your hands!

VI.

'Aim straightly, fire steadily! spare me
    A ball in the body which may
Deliver my heart here, and tear me
    This badge of the Austrian away!'

VII.

So thought he, so died he this morning.
    What then? many others have died.
Ay, but easy for men to die scorning
    The death-stroke, who fought side by side—

VIII.

One tricolor floating above them;
    Struck down 'mid triumphant acclaims
Of an Italy rescued to love them
    And blazon the brass with their names.

IX.

But he, —without witness or honor,
    Mixed, shamed in his country's regard,
With the tyrants who march in upon her
    Died faithful and passive: 'twas hard.

V.

Igual que un huérfano anhela a su madre,
    anhelaba él las bandas de su patria:
—¡Dejadme morir por Italia, hermanos;
    si no en vuestras filas, por vuestra mano!

VI.

'¡Apuntad bien, disparad con firmeza!
¡Libradme de una bala que pudiera
liberar mi corazón y arrancadme
    por fin el emblema de los austriacos!'

VII.

Así pensaba, así murió hoy al alba.
    ¿Entonces qué? Muchos otros han muerto,
sí, pero es fácil morir con desprecio
    hacia el golpe mortal para los que lucharon con los suyos.

VIII.

Una tricolor ondeando sobre ellos,
    derribados entre gritos de triunfo
de una Italia salvada para amarlos
    y grabar sus nombres en el latón.

IX.

Pero él, sin ningún testigo ni honor,
    una vergüenza para su nación,
por estar mezclado con los tiranos que se adentran en ella,
    murió leal y pasivo. Fue duro.

X.

'Twas sublime. In a cruel restriction
    Cut off from the guerdon of sons,
With most filial obedience, conviction,
    His soul kissed the lips of her guns.

XI.

That moves you?   Nay, grudge not to show it,
    While digging a grave for him here:
The others who died, says your poet,
    Have glory, —let *him* have a tear.

X.

Fue sublime.   En una cruel restricción,
  excluido de los premios de los hijos
con más obediencia, más convicción,
  su alma besó los labios de sus armas.

XI.

¿Todo esto te conmueve?   No, que no se te note
  mientras cavas una tumba para él;
los otros que murieron, según las palabras de tu poeta,
tienen gloria, así que permítele al menos a *él* una lágrima.

GARIBALDI

I.

HE bent his head upon his breast
    Wherein his lion-heart lay sick: —
'Perhaps we are not ill-repaid;
Perhaps this is not a true test;
    Perhaps that was not a foul trick;
    Perhaps none wronged, and none betrayed.

II.

'Perhaps the people's vote which here
    United, there may disunite,
    And both be lawful as they think;
Perhaps a patriot statesman, dear
    For chartering nations, can with right
    Disfranchise those who hold the ink.

III.

'Perhaps men's wisdom is not craft;
    Men's greatness, not a selfish greed;
    Men's justice, not the safer side;
Perhaps even women, when they laughed,
    Wept, thanked us that the land was freed,
    Not wholly (though they kissed us) lied.

GARIBALDI

I.

Él bajó la cabeza hacia su pecho, allí donde yacía
su corazón de león tan enfermo:
—Quizás no fuimos tan mal compensados;
quizás esto no es realmente una prueba;
quizás eso no fue un truco nefasto;
quizás no nos han hecho tanto daño, no nos han traicionado.

II.

Quizás el voto popular, que aquí
unió, podría dividir allí,
y los dos pueden ser igualmente legítimos;
quizás un estadista, patriota muy querido
por haber fundado naciones pueda, con todo derecho,
privar del suyo a aquellos hombres que ostentan la tinta.

III.

"Quizás la sabiduría del hombre no sea ningún arte;
la grandeza del hombre puede no ser avaricia egoísta;
la justicia del hombre a lo mejor no es lo más infalible;
quizás incluso las mujeres cuando reían y lloraban
y nos agradecían que la tierra estuviese liberada
(pese a que nos besaran) no mintieran del todo.

IV.

'Perhaps no more than this we meant,
    When up at Austria's guns we flew,
    And quenched them with a cry apiece,
Italia! —Yet a dream was sent...
    The little house my father knew,
    The olives and the palms of Nice.'

V.

He paused, and drew his sword out slow,
    Then pored upon the blade intent,
    As if to read some written thing;
While many murmured, — 'He will go
    In that despairing sentiment
    And break his sword before the King.'

VI.

He poring still upon the blade,
    His large lid quivered, something fell.
    'Perhaps,' he said, 'I was not born
With such fine brains to treat and trade, —
    And if a woman knew it well,
    Her falsehood only meant her scorn.

VII.

'Yet through Varese's cannon-smoke mP
    My eye saw clear: men feared this man
    At Como, where this sword could seal
Death's protocol with every stroke:
    And now...the drop there scarcely can
    Impair the keenness of the steel.

IV.

'Quizás no pretendíamos más que esto
   cuando nos abalanzamos sobre las armas de Austria,
   cuando las ahogamos cada uno con el mismo grito:
¡Italia! Y entonces se envió un sueño...
   La casita que conoció mi padre,
   los olivos y las palmeras de Niza.'

V.

Se detuvo un momento, desenvainó muy despacio su espada
   y luego miró la hoja fijamente,
   como si leyera algo inscrito en ella.
Mientras, muchos murmuraban: "Irá él
   con su sentimiento desesperado
   y romperá su espada frente al Rey".

VI.

Mientras todavía observaba la hoja,
   le tembló el párpado, algo se cayó.
   —Quizás —dijo entonces— yo no nací
con una buena mente para cerrar tratos y negociar,
   y, si una mujer lo sabía bien,
   sus muchas falsedades no significaban más que desdén.

VII.

Pero a través del humo de todos los cañones de Varese
   mis ojos vieron claro que todos temían a este hombre
   en Como, donde su espada podía sellar
el protocolo de la Muerte en cada golpe,
   y ahora... la caída apenas puede
   arañar aunque sea un poco el borde del afilado acero.

VIII.

So man and sword may have their use;
    And if the soil beneath my foot
    In valor's act is forfeited,
I'll strike the harder, take my dues
    Out nobler, and all loss confute
    From ampler heavens above my head.

IX.

'My King, King Victor, I am thine!
    So much Nice-dust as what I am
    (To make our Italy) must cleave.
Forgive that.'   Forward with a sign
He went.
              You've seen the telegram?
Palermo's taken, we believe.

VIII.

Pues el hombre y la espada tienen su uso,
  y, si la tierra que pisan mis pies
  en un acto de valor se perdiera,
golpearé con más fuerza, me cobraré mis deudas
  de la forma más noble, y se refutarán todas las pérdidas
  desde los más amplios cielos sobre mi cabeza.

IX.

¡Mi Rey, Rey Víctor, yo soy todo vuestro!
  Tanto polvo de Niza como lo que yo soy
  (para hacer nuestra Italia) se debe atravesar.
Por favor, perdona eso.   Alante con una señal,
se fue.
               ¿Has visto el telegrama?
Creemos que Palermo está tomada.

ONLY A CURL

I.

FRIENDS of faces unknown and a lana
    Unvisited over the sea,
Who tell me how lonely you stand
With a single gold curl in the hand
    Held up to be looked at by me, —

II.

While you ask me to ponder and say
    What a father and mother can do,
With the bright fellow-locks put away
Out of reach, beyond kiss, in the clay
    Where the violets press nearer than you.

III.

Shall I speak like a poet, or run
    Into weak woman's tears for relief?
Oh, children! —I never lost one, —
Yet my arm's round my own little son,
    And Love knows the secret of Grief.

IV.

And I feel what it must be and is,
    When God draws a new angel so
Through the house of a man up to His,
With a murmur of music, you miss,
    And a rapture of light, you forego.

SOLO UN RIZO

I.

AMIGOS de caras desconocidas
    y tierras que jamás se han visitado allende los mares
me dicen a mí lo sola que estás
con solo un rizo dorado en la mano;
    lo levantas para que yo lo vea.

II.

Mientras me pides que piense y que diga
    lo que un padre y una madre podrían hacer
con los brillantes mechones guardados
fuera de todo alcance, más allá de los besos, en la arcilla,
    donde las violetas están más cerca de lo que tú estarás.

III.

¿Debería hablar como una poeta,
    o ceder a las lágrimas de una débil mujer en busca de consuelo?
¡Oh, los niños! Yo nunca perdí a ninguno,
pero aprieto los brazos alrededor de mi hijo,
    y el Amor sabe el secreto del Duelo.

IV.

Siento lo que debe ser y lo que es
    cuando Dios se lleva a un ángel así
de la casa del hombre hasta la Suya.
Suena entonces el rumor de la música, y te lo pierdes;
    la luz te embelesa, y tú entonces renuncias.

V.

How you think, staring on at the door,
   Where the face of your angel flashed in,
That its brightness, familiar before,
Burns off from you ever the more
   For the dark of your sorrow and sin.

VI.

'God lent him and takes him,' you sigh;
   —Nay, there let me break with your pain:
God's generous in giving, say I, —
And the thing which He gives, I deny
   That He ever can take back again.

VII.

He gives what He gives. I appeal
   To all who bear babes-in the hour
When the veil of the body we feel
Rent round us, —while torments reveal
   The motherhood's advent in power,

VIII.

And the babe cries! —has each of us known
   By apocalypse (God being there
Full in nature) the child is our own,
Life of life, love of love, moan of moan,
   Through all changes, all times, everywhere.

V.

Cómo piensas, mirando hacia la puerta
 donde aparecía antes la carita de tu ángel,
que su luz, antaño tan conocida,
ahora se apaga más todavía
 por tu oscuridad llena de tristeza y pecado.

VI.

"El Señor te lo presta y Él mismo es quien te lo quita", suspiras.
 No, déjame romperme con tu pena;
Dios es generoso al dar, digo yo,
y me niego a pensar que lo que Él da
 lo pudiera volver a reclamar.

VII.

Él da lo que da. Me dirijo a todas
 aquellas que dais a luz; en esa hora
cuando sentimos el velo del cuerpo
que se desgarra a nuestro alrededor, las tormentas revelan
 la llegada al poder de la maternidad.

VIII.

¡Y luego el bebé llora! Cada una de nosotras supo entonces,
 por la revelación, (pues ahí Dios está en su más
completa naturaleza), que es nuestro el niño, que es vida
de nuestra vida, amor de nuestro amor, llanto de nuestro llanto,
 a través de los cambios, del tiempo, en todas partes.

IX.

He's ours and for ever. Believe,
    O father! —O mother, look back
To the first love's assurance. To give
Means with God not to tempt or deceive
    With a cup thrust in Benjamin's sack.

X.

He gives what He gives. Be content!
    He resumes nothing given, —be sure!
God lend? Where the usurers lent
In His temple, indignant He went
    And scourged away all those impure.

XI.

He lends not; but gives to the end,
    As He loves to the end. If it seem
That He draws back a gift, comprehend
'Tis to add to it rather, —amend,
    And finish it up to your dream, —

XII.

Or keep, —as a mother may toys
    Too costly, though given by herself,
Till the room shall be stiller from noise,
And the children more fit for such joys,
    Kept over their heads on the shelf.

IX.

Es nuestro y lo es para siempre. Creedme.
¡Oh, padre! Oh, madre, debéis recordar
la certeza del primer amor. Dar
para Dios no significa tentar o embaucar a nadie
    con una copa guardada en el costal de Benjamín.

X.

Él da lo que da. ¡Estad ya satisfechos!
    No retira nada de lo que ha dado, ¡estad seguros!
¿Decís que Dios presta? Cuando los usureros concedían
préstamos en Su templo, Él se indignó
    y expulsó a los impuros.

XI.

Él no presta; siempre da hasta el final,
    igual que ama hasta el final. Si parece
que se lleva un regalo, hay que entender
que es para añadirle, para enmendarlo y pulirlo después
    hasta que esté a la altura de tu sueño.

XII.

O tal vez para guardarlo, como hace
    una madre con unos juguetes que son demasiado caros
hasta que el cuarto se quede en silencio
y los niños sean aptos para esos placeres conservados
    en la repisa sobre sus cabezas durante tantos años.

XIII.

So look up, friends! you, who indeed
    Have possessed in your house a sweet piece
Of the Heaven which men strive for, must need
Be more earnest than others are, —speed
    Where they loiter, persist where they cease.

XIV.

You know how one angel smiles there.
    Then courage. 'Tis easy for you
To be drawn by a single gold hair
Of that curl, from earth's storm and despair
    To the safe place above us. *Adieu.*

XIII.

¡Así que mirad hacia arriba, amigos!
Vosotros, que en efecto habéis tenido en casa
un trocito del Cielo por el que se desviven tantos hombres,
debéis ser más sinceros que los otros, apuraos
donde ellos gandulean, seguir cuando ellos cesan.

XIV.

Conocéis la sonrisa de un ángel que está arriba.
Así que no lloréis. Para vosotros no es tan complicado,
gracias a un único pelo dorado de ese rizo, alejaos
de todas las tormentas y la desesperación de la tierra
y refugiaos en un lugar seguro sobre nosotros. *Adieu.*

A VIEW ACROSS THE ROMAN CAMPAGNA

1861

I.

OVER the dumb Campagna-sea,
　　Out in the offing through mist and rain,
Saint Peter's Church heaves silently
　　　Like a mighty ship in pain,
　　　Facing the tempest with struggle and strain.

II.

Motionless waifs of ruined towers,
　　Soundless breakers of desolate land:
The sullen surf of the mist devours
　　　That mountain-range upon either hand,
　　　Eaten away from its outline grand.

III.

And over the dumb Campagna-sea
　　Where the ship of the Church heaves on to wreck,
Alone and silent as God must be,
　　　The Christ walks. Ay, but Peter's neck
　　　Is stiff to turn on the foundering deck.

IV.

Peter, Peter! if such be thy name,
　　Now leave the ship for another to steer,
And proving thy faith evermore the same,
　　　Come forth, tread out through the dark and drear,
　　　Since He who walks on the sea is here.

172

VISTAS DE LA CAMPIÑA ROMANA

1861

I.

Sobre el callado mar de la Campiña,
    allá en el horizonte, a través de la lluvia y de la niebla,
la Iglesia de San Pedro vacila en el silencio
    como un gigantesco barco en apuros
    enfrentándose a la tempestad, con esfuerzo y sufrimiento.

II.

Inalterables torres esqueléticas
    en ruinas, olas mudas rompen sobre una tierra baldía;
el tétrico oleaje de la niebla devora
    la cordillera por ambos lados
    y desdibuja su enorme silueta.

III.

Y sobre el mudo mar de la Campiña
    el barco de la Iglesia vacila hacia el naufragio,
—solitario, en silencio, como debe estar Dios—,
    allí Cristo camina. Ay, pero Pedro tiene el cuello rígido
    y no se gira hacia la cubierta que se está hundiendo.

IV.

¡Pedro, Pedro! Si es que tal es tu nombre,
    abandona ya el barco para dirigir otro en su lugar
y, para demostrar que tu fe es siempre igual,
    ve, pasa a través de la oscuridad y la tristeza,
    puesto que aquí está Él, que camina sobre el mar.

V.

Peter, Peter! He does not speak;
    He is not as rash as in old Galilee:
Safer a ship, though it toss and leak,
    Than a reeling foot on a rolling sea!
    And he's got to be round in the girth, thinks he.

VI.

Peter, Peter! He does not stir;
    His nets are heavy with silver fish;
He reckons his gains, and is keen to infer
    —'The broil on the shore, if the Lord should wish;
    But the sturgeon goes to the Caesar's dish.'

VII.

Peter, Peter! thou fisher of men,
    Fisher of fish wouldst thou live instead?
Haggling for pence with the other Ten,
    Cheating the market at so much a head,
    Griping the Bag of the traitor Dead?

VIII.

At the triple crow of the Gallic cock
    Thou weep'st not, thou, though thine eyes be dazed:
What bird comes next in the tempest-shock?
    —Vultures! see, —as when Romulus gazed, —
    To inaugurate Rome for a world amazed!

V.

¡Pedro, Pedro! Pero él no dice nada,
   ya no es tan imprudente como en la antigua Galilea;
¡más seguro es un barco, aunque se tambalee y le entre el agua,
   que un pie dudoso sobre un mar revuelto!
Y debe de tener fuerte el torso, piensa él.

VI.

¡Pedro, Pedro! Pero él nunca se mueve.
Tiene llenas las redes de peces plateados;
calcula sus ganancias, saca una conclusión:
   "Vamos a prepararlos en la orilla, si Dios lo aprueba,
   pero el esturión irá al plato del César".

VII.

¡Pedro, Pedro! Tú eres pescador de hombres;
   dime, ¿por qué escogerías vivir como pescador entonces?
¿Preferirías regatear unas monedas junto con los otros Diez,
   dedicarte a engañar en el mercado a tanto por cabeza,
   agarrar a la Bolsa del traidor Muerto?

VIII.

Tres veces cantará el gallo galileo,
   y tú no llorarás, tú, aunque tengas los ojos deslumbrados;
¿qué pájaro aparece después de la tormenta?
   ¡Buitres! Ahora ves, como antes cuando Rómulo miró,
   para inaugurar Roma ante un mundo asombrado.

THE KING'S GIFT

I.

TERESA, ah, Teresita!
Now what has the messenger brought her,
Our Garibaldi's young daughter,
    To make her stop short in her singing?
Will she not once more repeat a
Verse from that hymn of our hero's,
    Setting the souls of us ringing?
Break off the song where the tear rose?
    Ah, Teresita!

II.

A young thing, mark, is Teresa:
Her eyes have caught fire, to be sure, in
That necklace of jewels from Turin, ...
    Till blind their regard to us men is.
But still she remembers to raise a
Sly look to her father, and note—
    'Could she sing on as well about Venice,
Yet wear such a flame at her throat?
    Decide for Teresa.'

EL REGALO DEL REY

I.

¡TERESA, ay, Teresita!
¿Qué es lo que le ha traído el mensajero
a la joven hija de Garibaldi
    para que deje de cantar en seco?
¿Acaso no repetirá de nuevo
un verso de ese himno de nuestro héroe
    que haga vibrar nuestra alma?
¿Quebrará la canción donde apareció la primera lágrima?
¡Ay, nuestra Teresita!

II.

Mírala, qué joven es Teresita;
sus ojos se han incendiado, seguro
en el collar de joyas de Turín,
    hasta que su mirada hacia nosotros, los hombres,
se ha cegado. Mas todavía recuerda lanzar
una mirada de astucia a su padre, y mirad:
    "¿Podría seguir cantando también sobre Venecia
y aun así llevar tal llama en el cuello?
    Decidid por Teresa".

III.

    Teresa! ah, Teresita!
His right hand has paused on her head—
'Accept it, my daughter,' he said;
    'Ay, wear it, true child of thy mother!
Then sing, till all start to their feet,
New verse ever bolder and freer!
    King Victor's no king like another.
But verily noble as *we* are,
             Child, Teresita!'

III.

¡Teresa! ¡Ay, Teresita!
Ha detenido él la mano derecha justo encima de la cabeza de ella:
—Acéptalo, hija —dijo—.
¡Y llévalo siempre, hija de tu madre!
¡Después ponte a cantar hasta que todo el mundo esté de pie
un verso nuevo, más audaz, más libre!
¡El rey Víctor no es como los demás,
pero es noble en verdad al igual que *nosotros*,
mi niña, Teresita!

PARTING LOVERS

Siena, 1860

I.

I LOVE thee, love thee, Giulio;
  Some call me cold, and some demure;
And if thou hast ever guessed that so
  I loved thee. . well, the proof was poor,
    And no one could be sure.

II.

Before thy song (with shifted rhymes
  To suit my name) did I undo
The persian? If it moved sometimes,
  Thou hast not seen a hand push through
    A foolish flower or two.

III.

My mother listening to my sleep,
  Heard nothing but a sigh at night, —
The short sigh rippling on the deep,
  When hearts run out of breath and sight
    Of men, to God's clear light.

IV.

When others named thee, —thought thy brows
  Were straight, thy smile was tender, — 'Here
He comes between the vineyard-rows!'
  I said not 'Ay,' nor waited, Dear,
    To feel thee step too near.

AMANTES QUE SE SEPARAN

Siena, 1860

I.

YO TE AMO, te amo, Giulio.
   Unos me llaman fría, algunos recatada,
y, si tú alguna vez llegaste a adivinar que, a mi manera,
   yo te amaba…pero, yo nunca te di suficientes pruebas;
   nadie podía asegurar que así era.

II.

¿Tal vez cuando cantabas tu canción —con sus rimas cambiadas
   para que se ajustaran a mi nombre— yo abriese
la persiana? Si se movía a veces,
   tú no viste jamás una mano que se asomaba entre una
   o dos flores sin ninguna importancia.

III.

Mi madre, que me escuchaba dormir,
   no oyó más que un suspiro en medio de la noche,
la corta expiración que ondea en lo profundo
   cuando los corazones se quedan sin respirar y suspiran
   sobre los hombres a la luz de Dios.

IV.

Cuando otras te nombraban…—Pensaban que tus cejas
   eran rectas y tu sonrisa tierna—. "¡Aquí llega,
viene entre los viñedos!"
   Yo no dije "ay", ni esperé, Querido,
   a que vinieras demasiado cerca.

V.

I left such things to bolder girls, —
Olivia or Clotilda. Nay,
When that Clotilda, through her curls,
    Held both thine eyes in hers one day,
        I marvelled, let me say.

VI.

I could not try the woman's trick:
    Between us straightway fell the blush
Which kept me separate, blind and sick.
    A wind came with thee in a flush,
        As blown through Horeb's bush.

VI1.

But now that Italy invokes
    Her young men to go forth and chase
The foe or perish, —nothing chokes
    My voice, or drives me from the place.
        I look thee in the face.

VIII.

I love thee! It is understood,
    Confest: I do not shrink or start.
No blushes! all my body's blood
    Has gone to greaten this poor heart,
        That, loving, we may part.

V.
Yo dejaba esas cosas a chicas más valientes
como Olivia o Clotilda. Es más,
cuando esa tal Clotilda entre sus rizos
logró atrapar tu mirada un buen día
me sorprendió, deja que te lo diga.

VI.
Ni siquiera podía probar los ardides de las mujeres;
enseguida entre nosotros caía el rubor
que me mantenía así: sola, ciega, enfermiza.
Te acompañaba un viento en forma de descarga,
como si este soplara por la zarza ardiente del Sinaí.

VII.
Pero, ahora que Italia
llama a todos sus jóvenes varones y les manda salir y perseguir
al enemigo o perecer, ya nada atraganta
mi voz ni me echa del lugar,
y te miro a la cara.

VIII.
¡Te amo! Ahora se entiende,
es algo manifiesto: no me encojo ni me asusto, por fin.
¡Tampoco me sonrojo!; cada gota de sangre de mi cuerpo
ha ido a fortalecer mi pobre corazón,
que, mientras te ama, te verá partir.

IX.

Our Italy invokes the youth
    To die if need be. Still there's room,
Though earth is strained with dead in truth:
    Since twice the lilies were in bloom
        They have not grudged a tomb.

X.

And many a plighted maid and wife
    And mother, who can say since then
'My country,'—cannot say through life
    'My son, 'my spouse,' 'my flower of men,'
        And not weep dumb again.

XI.

Heroic males the country bears, —
    But daughters give up more than sons:
Flags wave, drums beat, and unawares
    You flash your souls out with the guns,
        And take your Heaven at once.

XII.

But we! —we empty heart and home
    Of life's life, love! We bear to think
You're gone, —to feel you may not come, —
    To hear the door-latch stir and clink,
        Yet no more you! . . nor sink.

IX.
Italia pide a los fuertes y jóvenes
    que mueran si es preciso. Aunque la tierra esté
llena de muertos, todavía hay sitio;
    dos veces han florecido los lirios
        y no han escatimado una tumba aún.

X.
Y muchas son las doncellas y esposas
    y madres desoladas que desde todo ello pueden decir
"mi país", pero en la vida dirán
        "mi hijo", "mi esposo", "mi flor de los hombres"
            sin romper a llorar una vez más.

XI.
Nuestro país alberga héroes,
    pero las hijas sacrifican más que los hijos:
ondean banderas, los tambores resuenan, no os dais cuenta,
    y los cañones os vuelan el alma,
        y vais de golpe al Cielo.

XII.
¡Pero nosotras...! ¡Nosotras vaciamos hogar y corazón
    de la vida, de amor! Soportamos la idea
de que no estáis y quizás no vengáis,
    escuchar el pestillo de la puerta...,
        ¡pero al otro lado no estáis vosotros!; todo ello sin hundirnos.

XIII.

Dear God! when Italy is one,
    And perfected firom bound to bound
Suppose, for my share, earth's undone
    By one grave in't! —as one small wound
      May kill a man,'tis found.

XIV.

What then? If love's delight must end,
    At least we'll clear its truth from flaws.
I love thee, love thee, sweetest friend!
    Now take my sweetest without pause,
      To help the nation's cause.

XV.

And thus, of noble Italy
    We'll both be worthy! Let her show
The future how we made her free,
    Not sparing life. . nor Giulio,
      Nor this. . this heartbreak!

XIII.

¡Señor mío!, cuando Italia sea una,
   feliz de un extremo al otro, completa,
por mi parte la tierra permanece deshecha
por una tumba abierta, como, según parece,
   una herida pequeña puede matar a un hombre.

XIV.

¿Entonces qué? Si la felicidad del amor debe acabar,
   al menos habremos de separar su verdad de sus defectos.
¡Te quiero, te quiero, mi dulce amigo!
Toma mi dulzura ahora sin pausa
   y ayuda a nuestra nación y a su causa.

XV.

¡Y así de la noble Italia los dos
   seremos dignos! Deja que ella muestre
al futuro cómo lo hicimos todo para que fuera libre
   sin escatimar una sola vida…, ni la de Giulio ni este…
   corazón roto. Vete.

MOTHER AND POET

Turín, after news from Gaeta, 1861

I.

DEAD! One of them shot by the sea in the east,
    And one of them shot in the west by the sea.
Dead! both my boys! When you sit at the feast;
    And are wanting a great song for Italy free,
        Let none look at me!

II.

Yet I was a poetess only last year,
    And good at my art, for a woman, men said;
But *this* woman, *this*, who is agonized here,
    —The east sea and west sea rhyme on in her head
        For ever instead.

III.

What art can a woman be good at? Oh, vain!
    What art *is* she good at, but hurting her breast
With the milk-teeth of babes, and a smile at the pain?
    Ah boys, how you hurt! you were strong as you pressed,
        And I proud, by that test.

MADRE Y POETA

Turín, después de las noticias de Gaeta, 1861

I.

¡MUERTOS! A uno de ellos le dispararon junto al mar en el este;
    y el otro, al oeste al lado del mar, murió tras un disparo.
¡Muertos! ¡Mis dos niños! Cuando te sientes en ese gran banquete
    y quieras escuchar una gran canción por una Italia libre,
        ¡que a mí nadie me mire!

II.

Aunque solo antaño era poeta
    y buena en mi arte, para ser mujer —los hombres lo decían—,
esta mujer, *esta*, que aquí agoniza,
        ahora solo tiene el mar del este y el del oeste en una eterna rima
        sonando en su cabeza hasta su último día.

III.

¿En qué arte puede ser buena una mujer? ¡Oh, en algo banal!
    ¿Qué arte se le da bien salvo dejar que le hieran el pecho
los dientes de leche de los bebés, y sonreír aunque duela?
    ¡Ay, mis niños, cuánto daño me hicisteis! Empujasteis con fuerza,
        y yo, orgullosa, superé la prueba.

IV.

What art's for a woman? To hold on her knees
    Both darlings! to feel all their arms round her
        throat,
Cling, strangle a little! to sew by degrees
    And 'broider the long-clothes and neat little coat;
        To dream and to doat.

V.

To teach them...It stings there! I made them indeed
    Speak plain the word *country*. *I* taught them, no doubt,
That a country's a thing men should die for at need.
    I prated of liberty, rights, and about
        The tyrant cast out.

VI.

And when their eyes flashed... O my beautiful eyes!...
    I exulted; nay, let them go forth at the wheels
Of the guns, and denied not. But then the surprise
    When one sits quite alone! Then one weeps, then
        one kneels!
    God, how the house feels!

VII.

At first, happy news came, in gay letters moiled
    With my kisses, —of camp-life and glory, and how
They both loved me; and, soon coming home to be spoiled,
    In return would fan off every fly from my brow
        With their green laurel-bough.

IV.

Qué significa para una mujer arte, sino tener
a sus dos pequeños en el regazo, sentir todos sus brazos
alrededor del cuello,
aferrarse, quitarle un poco el aire;
coser lentamente y bordar la ropa de largo y el abriguito;
soñar y consentirlos.

V.

Enseñar...y duele, porque yo fui la que les enseñó a decir
la palabra *país*. *Yo* les enseñé, sin ninguna duda,
que un país es algo por lo que vale la pena morir.
Yo les hablé de libertad, derechos,
también de la expulsión de los tiranos.

VI.

Y, cuando sus ojos centelleaban... ¡oh, mis preciosos ojos!...
yo me regocijaba; que vayan con las armas, no se lo nieguen.
¡Pero más tarde viene la sorpresa
cuando una se ve sentada tan sola! ¡Entonces una
llora y se arrodilla!
¡Dios mío, la casa ya no es la misma!

VII.

Al principio, llegaban siempre buenas noticias, ¡cartas alegres,
cuyas líneas besaba, sobre el campamento, sobre la gloria y
sobre cómo ambos me querían y, pronto, cuando volvieran a casa
para que los mimara, ellos ahuyentarían cada mosca
que rondara mi frente usando su rama de laurel verde.

VIII.

Then was triumph at Turin: 'Ancona was free I'
    And some one came out of the cheers in the street,
With a face pale as stone, to say something to me.
    My Guido was dead! I fell down at his feet,
        While they cheered in the street.

IX.

I bore it; friends soothed me; my grief looked sublime
    As the ransom of Italy. One boy remained
To be leant on and walked with, recalling the time
    When the first grew immortal, while both of us strained
        To the height he had gained.

X.

And letters still came, shorter, sadder, more strong,
    Writ now but in one hand, 'I was not to faint, —
One loved me for two—would be with me ere long:
    And *Viva l'Italia*! —he died for, our saint,
        Who forbids our complaint.'

XI.

My Nanni would add,'he was safe, and aware
    Of a presence that turned off the balls, —was imprest
It was Guido himself, who knew what I could bear,
    And how 'twas impossible, quite dispossessed,
        To live on for the rest.'

VIII.

Después vino la victoria en Turín: "¡Ancona libre al fin!"
Y alguien emergió de la multitud que gritaba en la calle,
tenía la tez pétrea y venía a decirme algo a mí.
¡Mi Guido estaba muerto! Me caí de rodillas
mientras ellos gritaban de alegría.

IX.

Seguí; mis amigos me consolaban; mi dolor parecía sublime,
igual que el rescate de Italia. Me quedaba un niño
en el que apoyarme, con el que caminar recordando los días
cuando el mayor se hizo inmortal, mientras los dos intentábamos
entender la altura que había alcanzado.

X.

Y seguían llegando cartas: más cortas, más tristes, más fuertes,
ahora escritas con solo una letra; que no desesperase,
él me amaba por dos, no tardaría en volver a mi lado,
y ¡*Viva l'Italia*! Murió por ella, nuestro santo,
que prohíbe la queja.

XI.

Mi Nanni decía: "Estaba seguro,
y sentía una presencia a su lado, que paraba las balas
—era algo temporal—. Era Guido, su hermano,
que sabía lo que yo era capaz de soportar y cómo era imposible,
como estar sin hogar, vivir para lo que quedaba ya".

XII.

On which, without pause, up the telegraph-line
    Swept smoothly the next news from Gaeta: —Shot.
Tell his mother. Ah, ah,'his,''their' mother, —not 'mine,'
    No voice says 'My mother' again to me. What!
        You think Guido forgot?

XIII.

Are souls straight so happy that, dizzy with Heaven,
    They drop earth's affections, conceive not of woe?
I think not. Themselves were too lately forgiven
    Through THAT Love and Sorrow which reconciled so
        The Above and Below.

XIV.

O Christ of the five wounds, who look'dst through the dark
    To the face of Thy mother! consider, I pray,
How we common mothers stand desolate, mark,
    Whose sons, not being Christs, die with eyes turned
        away,
            And no last word to say!

XV.

Both boys dead? but that's out of nature. We all
Have been patriots, yet each house must always keep one.
'Twere imbecile, hewing out roads to a wall;
    And, when Italy's made, for what end is it done
        If we have not a son?

XII.

Justo después, sin pausa, nos llegó un telegrama:
noticias de Gaeta. Ha muerto de un disparo,
díganselo a su madre. "Su" madre, no la "mía";
    ninguna voz dice ahora "mi madre" para hablar de mí.
¿Qué? ¿Tú crees que Guido se olvidó?

XIII.

¿Acaso sus almas son tan felices que, cautivadas por el Cielo,
abandonan los males de la tierra, y dejan de concebir el sufrimiento?
Yo no lo creo. A ellos les perdonaron tarde,
    mediante ESE Amor y Melancolía que así reconciliaron
    Abajo con Arriba.

XIV.

¡Oh, Cristo de las cinco heridas, que contemplabas en la oscuridad
    el rostro de tu madre!, te lo suplico, detente a pensar
en cómo nosotras, madres normales, quedamos desoladas
    cuando nuestros hijos, que no son Cristos, fallecen con la
    mirada apartada,
            ¡sin últimas palabras!

XV.

¿Ambos niños muertos? No es natural. Todos hemos sido
    patriotas, pero en cada casa debe quedar al menos uno.
Qué imbecilidad, hacer carreteras para llegar a una pared.
    Y, cuando Italia esté completa, ¿para qué?
        ¿Cuál es el objetivo, si no nos quedan hijos?

XVI.

Ah, ah, ah! when Gaeta's taken, what then?
  When the fair wicked queen sits no more at her
      sport
Of the fire-balls of death crashing souls out of men?
  When the guns of Cavalli with final retort
      Have cut the game short?

XVII.

When Venice and Rome keep their new jubilee,
  When your flag takes all heaven for its white, green
      and red,
When you have your country from mountain to sea,
  When King Victor has Italy's crown on his head,
      (And I have my Dead) —

XVIII.

What then? Do not mock me. Ah, ring your bells
      low,
  And burn your lights faintly! My country is there,
Above the star pricked by the last peak of snow:
  My Italy's THERE, with my brave civic Pair,
      To disfranchise despair!

XIX.

Forgive me. Some women bear children in strength,
  And bite back the cry of their pain in self-scorn;
But the birth-pangs of nations will wring us at length
  Into wail such as this—and we sit on forlorn
      When the man-child is born.

XVI.

Cuando tomen Gaeta, ¿entonces qué?
    ¿Cuando la malvada y preciosa reina no se siente más
        a ver el deporte
en el que mortales bolas de fuego separan almas de hombres?
    ¿Cuando una última respuesta certera de las armas de Cavalli
        acabe con el juego?

XVII.

Cuando Venecia y Roma tengan su jubileo;
    cuando vuestra bandera se alce al cielo
        y lo llene de blanco, verde y rojo;
cuando tengáis vuestro país, desde las montañas al mar entero;
    cuando el Rey Víctor tenga la corona de Italia en la cabeza
        (y yo tenga a mis Muertos...).

XVIII.

¿Entonces qué? Ahora no os riais de mí.
    ¡Ah, no toquéis muy alto vuestras campanas,
        que las luces no brillen demasiado! Mi país está ahí,
encima de la estrella que pincha el último pico de nieve:
    ¡AHÍ yace mi Italia, con mi Dúo de cívicos valientes,
        para quitarme el derecho a perder toda esperanza!

XIX.

Perdonadme. Hay mujeres que dan a luz con fuerza
    y reprimen el grito de dolor por puro autodesprecio;
sin embargo, los dolores del parto de toda una nación
    nos retuercen por dentro hasta arrancarnos estos lamentos,
        y nos sentamos devastadas cuando nace el hijo varón.

XX.

Dead!   One of them shot by the sea in the east,
   And one of them shot in the west by the sea.
Both! both my boys!   If in keeping the feast
   You want a great song for your Italy free,
      Let none look at *me*!

*[This was LAURA SAVIO, of Turin, a poetess and patriot,
whose sons were killed at Ancona and Gaeta.]*

XX.

¡Muertos! A uno de ellos le dispararon junto al mar en el este;
y el otro, al oeste al lado del mar, murió tras un disparo.
¡Ambos! ¡Mis dos niños! Si para estar en ese gran banquete
te apetece escuchar una gran canción por una Italia libre,
¡que *a mí* nadie me mire!

[Sobre Laura Savio, de Turín, poeta y patriota, cuyos hijos
murieron en Ancona y Gaeta].

NATURE'S REMORSES

Roma, 1861

I.

HER soul was bred by a throne, and fed
 From the sucking-bottle used in her race
  On starch and water (for mother's milk
Which gives a larger growth instead),
 And, out of the natural liberal grace,
  Was swaddled away in violet silk.

II.

And young and kind, and royally blind,
 Forth she stepped from her palace-door
  On three-piled carpet of compliments,
Curtains of incense drawn by the wind
 In between her for evermore
  And daylight issues of events

III.

On she drew, as a queen might do,
 To meet a Dream of Italy,
  Of magical town and musical wave,
Where even a god, his amulet blue
 Of shining sea, in an ecstacy
  Dropt and forgot in a nereid's cave.

LOS REMORDIMIENTOS DE LA
NATURALEZA

Roma, 1861

I.

UN trono engendró su alma, y se alimentaba
del biberón de su estirpe,
        a base de almidón y agua (en lugar de leche materna,
que la habría hecho crecer más).
Y, por la gracia liberal y natural,
la envolvieron en seda violeta.

II.

Y joven y amable, y ciegamente regia,
        salió de su palacio por la puerta
                sobre una alfombra hecha de cumplidos sinceros,
cortinas de incienso que dibujaba el viento
        siempre entre los eventos
                del día y ella.

III.

Siguió, como lo haría una reina,
        para conocer un Sueño de Italia,
                de ciudades mágicas y olas musicales,
donde incluso un dios, con su amuleto azul
        del mar brillante, en medio del éxtasis,
                lo dejó caer y lo olvidó en la cueva de una nereida.

IV.

Down she goes, as the soft wind blows,
  To live more smoothly than mortals can,
    To love and to reign as queen and wife,
To wear a crown that smells of a rose,
  And still, with a sceptre as light as a fan,
    Beat sweet time to the song of life.

V.

What is this? As quick as a kiss
  Falls the smile from her girlish mouth!
    The lion-people has left its lair,
Roaring along her garden of bliss,
  And the fiery underworld of the South
    Scorched a way to the upper air.

VI.

And a fire-stone ran in the form of a man,
  Burningly, boundingly, fatal and fell,
    Bowling the kingdom down! Where was the king?
She had heard somewhat, since life began,
  Of terrors on earth and horrors in hell,
    But never, never of such a thing!

VII.

You think she dropped when her dream was stopped,
  When the blotch of Bourbon blood inlay,
    Lividly rank, her new lord's cheek?
Not so. Her high heart overtopped
  The royal part she had come to play.
    Only the men in that hour were weak.

IV.

Sigue bajando, como sopla el suave viento,
    para vivir con más suavidad que los mortales,
        para amar y reinar como reina y esposa,
para llevar una corona con olor a rosas.
    Y, aun así, con un cetro ligero como un abanico,
        marca el dulce ritmo de la canción de la vida.

V.

¿Qué es esto? ¡Tan rápido como un beso
    se cae la sonrisa de su boca femenina!
    El pueblo-león ha abandonado su guarida;
ahora ruge por su jardín de dicha,
    y el ardiente inframundo del Sur
        flota hacia el cielo en forma de cenizas.

VI.

¡Y una piedra de fuego corrió con forma de hombre
    ardiente, tambaleante, fatal,
        cayó y derribó el reino! ¿Y el rey?
Ella había oído algo, desde que empezó su vida,
    sobre los terrores de la tierra y los horrores del infierno,
        ¡pero nunca jamás una cosa así!

VII.

¿Crees que ella cayó cuando frenaron su sueño,
    cuando la mancha de sangre de los Borbones se incrustó,
        roja y rancia, en la mejilla de su nuevo señor?
No fue así; su alto corazón superó
    el papel real que había interpretado.
        Solo los hombres fueron débiles en ese momento.

VIII.

And twice a wife by her ravaged life,
   And twice a queen by her kingdom lost,
      She braved the shock and the counter-shock
Of hero and traitor, bullet and knife,
   While Italy pushed, like a vengeful ghost,
      That son of the Cursed from Gaeta's rock.

IX.

What will ye give her, who could not deliver,
   German Princesses? A laurel-wreath
      All over-scored with your signatures,
Graces, Serenities, Highnesses ever?
   Mock her not, fresh from the truth of Death,
      Conscious of dignities higher than yours.

X.

What will ye put in your casket shut,
   Ladies of Paris, in sympathy's name?
      Guizot's daughter, what have you brought her?
Withered immortelles, long ago cut
   For guilty dynasties perished in shame,
Putrid to memory, Guizot's daughter?

XI.

Ah poor queen! so young and serene!
   What shall we do for her, now hope's done,
      Standing at Rome in these ruins old,
She too a ruin and no more a queen?
   Leave her that diadem made by the sun,
      Turning her hair to an innocent gold.

VIII.

Y dos veces mujer por su vida destrozada,
    y dos veces reina por su reino perdido,
        se enfrentó al impacto y la sorpresa
    de héroe y traidor, bala y cuchillo,
        cuando Italia empujaba, como un fantasma vengativo,
    a ese hijo del Maldito desde la roca de Gaeta.

IX.

¿Qué le daréis a la que no pudo alumbrar,
    princesas alemanas? ¿Una corona de laurel,
        que vuestras firmas manchan entera,
Gracias, Serenidades y Altezas siempre?
    No os burléis de ella que, recién salida de la verdad de la Muerte,
        ahora es consciente de dignidades más altas que las vuestras.

X.

¿Qué pondréis sobre vuestro ataúd cerrado,
    damas de París, para mostrar vuestras condolencias?
        Hija de Guizot, ¿qué le has traído a ella?
¿Ramos de siemprevivas marchitas, cortadas hace mucho
    para culpables dinastías que murieron con vergüenza
        y se pudrieron en la memoria, hija de Guizot?

XI.

¡Ay, pobre reina! ¡Tan joven y serena!
    ¿Qué podemos hacer por ella? Ahora que no hay esperanza,
        de pie en Roma, en estas ruinas antiguas,
¿acaso ella no es ya una ruina en lugar de una reina?
    Dejadle esa tiara hecha por el sol,
        que arranca de su cabello destellos dorados de inocencia.

XII.

Ay! bring close to her, as 'twere a rose, to-her,
    Yon free child from an Apennine city
        Singing for Italy, —dumnb in the place!
Something like solace, let. us suppose, to her
    Given, in that homage of wonder and pity,
        By his pure eyes to her beautiful face.

XIII.

Nature, excluded, savagely brooded,
    Ruined all queendom and dogmas of state, —
        Then in reaction remorseful and mild,
Rescues the womanhood, nearly eluded,
    Shows her what's sweetest in womanly fate—
        Sunshine from Heaven, and the eyes of a child.

XII.

¡Ay! Acercadle, como si fuera una rosa,
  a vuestro hijo libre de una ciudad apenina
  que canta por Italia, ¡mudo en el acto!
Supongamos que ella recibe algo de consuelo
  en ese homenaje de maravilla y pena,
  gracias a los ojos puros de ese niño de cara tan bella.

XIII.

La naturaleza, excluida, salvajemente incubada,
  arruinó todo reinado y los dogmas del Estado.
Después, en una reacción arrepentida y tibia,
rescata la feminidad, casi eludida,
  y le enseña lo más dulce del destino de cualquier mujer:
  la luz del sol desde Cielo y los ojos de un niño.

THE NORTH AND THE SOUTH
[THE LAST POEM.]

Rome, May, 1861

I.

'Now give us lands where the olives grow,'
    Cried the North to the South,
'Where the sun with a golden mouth can blow
Blue bubbles of grapes down a vineyard row!'
    Cried the North to the South.

'Now give us men from the sunless plain,'
    Cried the South to the North,
'By need of work in the snow and the rain,
Made strong, and brave by familiar pain!'
    Cried the South to the North.

II.

'Give lucider hills and intenser seas,'
    Said the North to the South,
'Since ever by symbols and bright degrees
Art, childlike, climbs to the dear Lord's knees,'
    Said the North to the South.

'Give strenuous souls for belief and prayer,'
    Said the South to the North,
'That stand in the dark on the lowest stair,
While affirming of God,' He is certainly there,"
    Said the South to the North.

EL NORTE Y EL SUR
[EL ÚLTIMO POEMA]

Roma, mayo de 1861

I.

—Ahora danos tierras donde crezcan olivos
    —le gritó el Norte al Sur—,
¡donde el sol con su boca de oro expire
por una hilera entera de viñedos, burbujas de uva de color azul!
    —le gritó el Norte al Sur.

—Ahora danos hombres que vengan de la llanura sin sol
    —le gritó el Sur al Norte—,
a los que trabajar por necesidad bajo nieve o lluvia
los haya vuelto fuertes y valientes, por conocer bien el dolor,
    —le gritó el Sur al Norte.

II.

—Entrega las más lúcidas colinas y agua de los más intensos mares
    —le dijo el Norte al Sur—.
Desde siempre, valiéndose de símbolos y de grados brillantes,
el arte, como un niño, sube al regazo del Señor Jesús
    —le dijo el Norte al Sur.

—Entrega almas arduas para creer y rezar por las noches
    —le dijo el Sur al Norte—,
de pie en la oscuridad del último escalón de la escalera
mientras hablan de Dios, "seguro que está cerca"
    —le dijo el Sur al Norte.

III.

'Yet oh, for the skies that are softer and higher!'
     Sighed the North to the South;
'For the flowers that blaze, and the trees that aspire,
And the insects made of a song or a fire!'
     Sighed the North to the South.

'And oh, for a seer to discern the same!'
     Sighed the South to the North;
'For a poet's tongue of baptismal flame,
To call the tree or the flower by its name!'
     Sighed the South to the North.

IV.

The North sent therefore a man of men
     As a grace to the South;
And thus to Rome came Andersen.
—'A las, but must you take him again?'
     Said the South to the Nor

III.

—¡Pero, oh, por los más suaves y altos cielos!
    —suspiró el Norte al Sur—.
¡Por las flores que arden y por estos árboles que buscan
su máxima plenitud y los insectos hechos de canción o de fuego!
    —suspiró el Norte al Sur.

—¡Y, oh, para que un observador supiera distinguiera tal cosa!
    —suspiró el Sur al Norte—.
¡Y para que la lengua de un poeta de llama bautismal
llame al árbol o a la flor por su nombre!
    —suspiró el Sur al Norte.

IV.

Y luego el Norte envió a un hombre de los hombres
        como regalo al Sur,
y así fue como llegó a Roma Andersen.
—¿Ay, pero te lo llevarás de nuevo?
        —le dijo el Sur al Norte.

ÍNDICE

Nota del editor............9

Little Mattie............14
La pequeña Mattie............15
A False Step............22
Un paso en falso............23
Void in Law............26
Nulidad............27
Lord Walter's Wife............34
La mujer de Lord Walter............35
Bianca Among the Nightingales............48
Bianca entre los ruiseñores............49
My Kate............62
Mi Kate............63
A Song for the Ragged Schools............66
Una canción para las escuelas de los pobres............67
May's Love............80
El amor de May............81
Amy's Cruelty............82
La crueldad de Amy............83
My Heart and I............88
Mi corazón y yo............89
The Best Thing in the World............94
Lo mejor del mundo............95
Where's Agnes?............96
¿Dónde está Agnes?............97
De Profundis............108
De Profundis............109

A Musical Instrument............118
Un instrumento musical............119
First News from Villafranca............124
Primeras noticias de Villafranca............125
King Victor Emanuel Entering............128
El rey Víctor Manuel entrando............129
The Sword of Castruccio Castracani............134
La espada de Castruccio Castracani............135
Summing Up in Italy............140
Recapitulación en Italia............141
Died............148
Murió............149
The Forced Recruit............152
El recluta forzado............153
Garibaldi............158
Garibaldi............159
Only a Curl............164
Solo un rizo............165
A View Across the Roman Campagna............172
Vistas de la campiña romana............173
The King's Gift............176
El regalo del rey............177
Parting Lovers............180
Amantes que se separan............181
Mother and Poet............188
Madre y poeta............189
Nature's Remorses............200
Los remordimientos de la naturaleza............201
The North and The South............208
El norte y el sur............209